PORTES
DE JÉR

DU MÊME AUTEUR

LES JUIFS D'ALGÉRIE, avec la collaboration de R. Ayoun,
éd. Lattès.

JÉRUSALEM, numéro spécial de la revue *Autrement*.

AUSTRALIE, éd. Ramsay.

BERNARD-DAVID COHEN

PORTES
DE JÉRUSALEM

BERNARD GRASSET

PARIS

Un objet, un jour, ne tomba pas. Il demeura seul de son espèce, suspendu à un mètre du sol.
Personne n'y comprenant rien, on construisit un Temple autour de lui.

Paul VALÉRY

I have sought
For a home that is not gained,
I have spent, yet nothing bought,
Have laboured but not attained

Christina ROSSETTI

Nous nous sommes assis à ces portes ; jadis on y jugeait, on y priait, on y jouait, on y flagellait, mais cet arrêt est dû à notre fatigue car les portes sont désormais désertes, traversées de fugitifs passants, lourdes de notre attente. Après les pentes abruptes des collines, elles ont une hospitalité bourrue, une manière à elles de hisser leurs linteaux au-dessus de nos courbatures et de nos déceptions. Les maîtres n'enseignent plus, les anciens ne déploient plus leur barbe, les voyageurs ne se nichent plus pour une nuit dans leurs recoins. Devant la ville ouverte à tous vents, les portes tiennent une oublieuse station.

Formidables petits remparts, elles se meublent de solennité pour tenir leur rôle symbolique, et sinon comment se souvenir des sièges et des conquêtes ? Dans le paysage mythique de la Palestine, dans cette géographie trop humaine, les portes nous jouent l'imposante résistance, et carrent leurs faibles épaules dans des crépuscules de braise. Maintenant qu'elles n'ont plus rien à défendre, elles observent l'étranger de loin, le regardent passer sous les cintres, et leurs ombres rient de ce franchissement en trompe-l'œil.

On n'arrive pas à Jérusalem, bien sûr. On y a toujours été ou l'on n'y sera jamais. Goûter la peau veloutée de ses filles, leur peau affolée de chaleur, et savoir que sa sainteté est une citation trop appuyée, un caprice d'historien érudit, une chair trop palpitante saignant la vanité de toutes les chairs. Il fallait être là auparavant, le premier maître de la maison — être le premier, cette obsession des timides amoureux et des bâtisseurs —, parler l'idiome du Temple avec une gouailleuse désinvolture, et non cet hébreu que les accents de l'exil ont rendu gauche. Jérusalem, « objet qui ne tombe pas », garde le fantasme d'être suspendue : dans le temps, dans l'espace, dans l'horizon entre levant et couchant, dans l'axe symbolique de ses portes. Son seul grand poète : Jérémie, *Yarim-yahou*, que Dieu le soulève, a cru voir la ville hissée par la main divine à quelques mètres du sol pour que les pilleurs de Babylone n'y entrent pas. Figée au-dessus du péché et en dessous de la sanctification, elle ne va jamais au bout du péché et la sainteté lui échappe toujours. Occupée par cette grande plaie au côté droit que lui ouvre le désert, elle bascule vers la mer et ses facilités, tend ses bras aux clinquantes impuretés du couchant. Attentive à son silence, elle réfléchit le temps où elle vivait de vraie vie et de vraies paroles ; perdre, dans le silence de Jérusalem, un désir toujours de musique quand bien même elle serait, un soir ocre au Birdland, cette voix ivre fredonnant au-dessous des plaintes de Charlie Parker.

Musiques. Jérusalem n'est pas vibrante, porteuse de rythmes : ses portes sont aussi le bouclier des rumeurs et des chants. Aucune mélopée n'est ici nécessaire ; parfois, les soirs de vent d'est, parvient l'appel des mosquées et cela est beau étrangement car c'est un chant qui vient du désert, autre expérience du silence portée par les bédouins de Mahomet — Source, jaillis ; source, jaillis… Les musiques de Jérusalem — car il n'est pas une musique dans cette ville brisée dont même l'espace sonore est cassé par le caprice des collines — sont toutes de nostalgie, d'attachement à l'exil : après-midi de touffeur, où des pianos studieux égrènent leurs gammes par les fenêtres ; rondes sur électrophone pour ces enfants aux yeux trop graves ; engagements secs de la *derbouka* au-dessus du marché juif, qui réveillent des rescapés de l'Orient nostalgiques de menthe et de leur maman ; cassettes de *piyyoutim* sur lesquelles une pieuse main a rappelé qu'on ne devait pas allumer sa stéréo le samedi ; sourates modulées depuis Amman dans les arrière-boutiques ombreuses du quartier musulman. Et puis le silence définitif des tombes de l'Est, des couches préhistoriques de la ville qui affleurent à son flanc oriental.

Christa Ludwig au théâtre de Jérusalem : l'impression soudain que sa robe lourdement brodée d'argent est un rempart à la douceur de la nuit. Le *Voyage d'hiver* chanté dans une ville qui ne voyage pas, et surtout pas en hiver. À l'entracte s'entendent des commentaires germaniques, l'ouvreuse timide qui remet un bouquet à la diva, la fragilité des vieux couples de Jérusalem dont les souvenirs sont encore à Berlin, l'absence de chevelures de jais et de regards mortels car l'assistance a la fadeur d'une pâtisserie viennoise ; il paraît que nous avons déjà glissé dans une schubertiade alanguie, d'un coup de reins la cité a dérivé vers l'Europe sous la voix intimiste, introvertie, irrémédiablement solitaire. Il faut sortir sous le ciel, retrouver la nuit plus que noire, entendre les murs claquer comme des drapeaux, pour abandonner ces désirs de fuite car Jérusalem n'échappe pas à son sort.

Silence, écoute de soi, égotisme. À Jérusalem l'égoïsme est communautaire, chaque quartier est un bourg de montagne retranché dans ses mythes et dans ses cuisines. Une seule fois peut-être, une femme aux cheveux dangereux a parcouru toute la ville, et l'on s'en souvient encore : la belle du Cantique des cantiques a hanté tous les livres du monde ; mais nous sommes nombreux, en ces mêmes murs, à faire l'expérience quotidienne de la femme éperdue d'amour regagnant seule sa couche, pour nous ce n'est pas seulement de la poésie, nous nous épuisons dans une quête similaire et nous nous lassons des quolibets des veilleurs de nuit, là-haut sur les portes, et nous perdons le goût de l'aimé et nous apprenons à vivre la vraie solitude, celle qui attend encore et que la proximité capricieuse de l'amour taraude jusqu'en ses viscères.

Un matin d'orage, les fenêtres ouvertes sur les arbres et sur les murailles, tu as su pourtant me convaincre de musique, pianiste issue d'une Allemagne aux clartés brouillées, avec tes yeux de lait et ta chevelure dissymétrique il était facile de prévoir ta nostalgie. Pour vivre tu enchantais de gammes les déambulatoires stricts des grands hôtels, une foule de congrès et de voyages myopes frôlait ton dos nu lorsque droite tu égrenais les romances. Fille de Jérusalem que l'Europe n'avait pas mérité de garder, mirant dans ton thé un regard de feuillage.

Jérusalem ne joue pas à rapprocher les solitudes, dans les rues à putains ou dans les salons littéraires, sans humour elle te convie à attendre la « vraie rencontre ». Tu dis : «J'irai vers d'autres pays, vers d'autres rivages. Je finirai bien par trouver une autre ville, où chacune de mes tentatives est condamnée d'avance, où mon cœur est enseveli comme un mort. Jusqu'à quand mon esprit restera-t-il dans ce marasme ? Où que je me tourne, où que je regarde, je vois ici les ruines de ma vie, cette vie que j'ai gâchée et gaspillée pendant tant d'années. » Eh oui, Constantin Cavafy, tu réponds avec ton savoir proche-oriental, avec ta science des mondes épuisés : « Tu ne trouveras pas d'autres pays, tu ne découvriras pas de nouveaux rivages. La ville te suivra. Tu traîneras dans les mêmes rues, tu vieilliras dans les mêmes quartiers, et tes cheveux blanchiront dans les mêmes maisons. Où que tu ailles, tu débarqueras dans cette même ville. N'espère rien... » Et je voudrais dire à cet homme, tué par trop de sagesse et trop d'amour de l'amour, je voudrais lui dire : «Bien, je ne tenterai pas de me perdre dans la moiteur d'une échoppe à plaisirs de Bangkok, dans la symphonie du désordre d'une banlieue cairote, dans un corps et un corps et un autre corps à Ipanema, dans ces mille dispositifs géniaux qui occupent l'humain à oublier sa mort, mais je vais parcourir ces mêmes rues, passer ces mêmes portes, tourner autour d'un lieu déserté par le Temple, tenter de devenir un objet qui ne tombe pas, accepter le risque de voir le visage de mes aïeux venir dans mes rêves et m'annoncer ainsi, comme le veut le Zohar, ma fin prochaine, demander à ces portes si elles vont me laisser le passage à l'autre, apprendre le plus vieil enseignement de Jérusalem qui est : "*Ichba-héti etkhem bnot-yeroucha laiïm ma-tahirou ou ma-tehorerou et-a'ahava ad-chétekhpass*". 'Je vous en conjure, filles de Jérusalem, n'appelez pas et n'épuisez pas l'amour avant qu'il ne le désire' ».

Jérusalem a grandi sous la main des fermiers chrétiens de la vallée de Refaïm, des villageois arabes d'Abou Tor, des rêveurs sionistes de Yemin Moshé, des immigrés du Maghreb entassés face à la frontière lorsque celle-ci la coupait en deux. Elle est sortie de ce quadrilatère figé autour de la masse disparue du

Temple. Elle grandira encore : un million d'habitants pour le siècle prochain, disent ses maîtres. Mais ce qui habite toutes les communautés, ce qui ordonne d'un ordre secret la mosaïque des villages et des banlieues autour des murailles désarticulées de la Vieille Ville, c'est l'obsession d'avoir toujours été là, de participer au nombrilisme de la cité. Nombril : œil obscène et chaste, secret et passif, n'aime pas le doigt, indessinable, bavard et muet, renfrogné ; tomber à genoux, murmurant à l'omphalos cyclopéen : «Je te dis je t'aime comme on se noie, savoir que c'est un talisman contre la mort et que ce talisman a été testé et s'est tu à contretemps. Je t'aime, et je vais mourir, et je t'aime.»

Il est des villes qui s'épanchent et surabondent, qui avalent du terrain, qui tanguent entre leurs amarres. Il est des villes amoureuses de l'exil, qui refoulent toujours plus loin leurs poètes et leurs pauvres, qui épurent leur cœur pour y faire le silence. Jérusalem est un faisceau d'exils, un caravansérail des mendiants d'absolu, et son centre prétend accomplir tous les exils, digérer tous les malheurs

et toutes les haines, approcher au plus près
le vieux conflit du sang, enfermer en des
demeures mitoyennes des frères trop ennemis.
Vieille ville et nouvelle cité, peuple de Dieu
et fils du peuple de Dieu et cousins du peuple de Dieu, anciens et modernes, prosélytes
et reclus, chérisseurs de la révolte et fanati-
ques de la quiétude, sectes égrenant le chapelet annuel des fêtes, jaloux et voisins des
jaloux, tout un laboratoire de l'homme pal-
pite en quatre murs, entre cinq portes.
L'espoir vain d'une harmonie, né dans le bruit
calme que fait le nom de cette ville, nous a
sauté des mains. Les sons matériels échouent
devant les cohortes blindées des voitures, chacun excelle en faux bruits et cela occupe les
petits grands reporters, enfin assez de ces mauvais signes tendus au ciel, pal froid de la
grande synagogue mussolinienne, flèche froide de la cathédrale teutonne, lune froide du
croissant brisé par un malveillant sur le mina-
ret déserté d'Ein Karem, piquets des barrières célestes établies par chaque communauté,
pour se réchauffer en les remugles d'étable de
la communion, renvoyant au désert les adep-

tes d'une conjuration sacrée contre la mort, renvoyant au désert ceux qui ont voulu apprendre à vivre leur solitude en commun.

Les portes de la Vieille Ville ordonnent Jérusalem tout entière. Elles la suggèrent, elles l'orientent. Au cours des siècles, elles ont changé de place et de nom, elles ont été quatre ou huit, elles ont été barrées et ouvertes à nouveau, mais cinq d'entre elles concentrent les réseaux subtils de la ville. Jaffa, Damas, Sion, la porte des Lions et celle de la Miséricorde gardent le centre ancien et dominent la ville nouvelle. Leurs battants disparus font encore entendre le bruit d'un passage idéal, peut-être celui de la Jérusalem d'en bas à la Jérusalem d'en haut. Ne pas craindre de voir la porte du ciel dans cette cité bien réelle, trop humaine, parce que, dit Rabbi Yokhanan, « je ne viendrai pas dans Jérusalem d'en haut avant de venir, au milieu de toi, dans la Jérusalem d'en bas ». Nos pieds s'arrêtent dans tes portes, Jérusalem. Et si le siège de la justice y a été renversé, nous en rirons en caressant des yeux la mystérieuse ordonnance de la ville, en cherchant le passage.

Plan

Sur la planisphère dantesque, Jérusalem est
à l'antipode du Paradis mais surplombe
l'Enfer et son vestibule parcouru par des anges
neutres et lâches. Au regard d'un cartographe
grec orthodoxe du XIVe siècle, la ville est prise
dans un triangle entre le mont Thabor et le
mont des Olives, elle roule comme un clito-
ris dans le vagin de la Passion. En 1840, l'abbé
André Dupuis publie son *Introduction au
plan de Jérusalem*, et cite Lamartine :

Et quand l'autel brisé que la foule abandonne
S'écroulerait sur moi, Temple que je chéris,
Temple où j'ai tout reçu, Temple où j'ai tout
                                    [appris,
J'embrasserais encor ta dernière colonne,
Dussé-je être écrasé sous tes sacrés débris !

Quant à Shabtai Tsevi, le faux messie juif, il devait avoir au creux de ses fontes l'exact tracé de la Jérusalem céleste lorsqu'il parvint à cette misérable bourgade, dans l'or crépusculaire de l'été 1662.

Un instant. Le croquis de Dante, donc, « lever de soleil au Purgatoire à l'équinoxe de printemps ». Calculs un peu mégalomanes, concordance des temps un peu ivre. Il faudrait prendre la voix légèrement avinée de cette Comédie divine : « *Or sai nostri atti, e di che fummo rei : se forse a nome vuoi saper chi semo, tempo non è dadire, e non saprei.* » Eè, avec un geste des bras. Eè, pas le temps de dire notre nom et d'ailleurs n'en sais rien : dans les flaques du comptoir se distingue la Bella Donna. Mais l'arpenteur bourré a choisi — avec quel soin maniaque — de placer aux côtés de Jérusalem, à l'épicentre du Soleil et de la Nuit personnifiés, le Maroc et le Gange. Maghreb et Machrek, quoi. Béni sois-Tu qui éloignes de moi les péchés comme Tu as éloigné l'Ouest de l'Est. Les gens de Jérusalem croient que le soleil se lève du Gange et descend sur le Maroc, et vivent un accablant midi entre le roman occidental, Prométhée fatigué attaqué dans ses tripes par les libations, et la danse indienne, dont l'inventeur divin se dit à la fois « Maître des massacres » et « Maître doucement parfumé ». Quelle acuité, non, quel aplomb du fil de plomb, hydrargyre en quelque sorte, clair bien plus que toutes vos mercuriales ?

Je suis né à Constantine, on l'appelait la Jérusalem du Maghreb, c'est-à-dire la Jérusalem du couchant. J'en suis parti et n'ai plus de pays. Cette cité-là était coupée en deux par un précipice, une descente aux Enfers entre deux parois vertigineuses, et il s'y livre au-dessus tout un travail de ponts. Mais la vraie Jérusalem surplombe l'entrée de la Géhenne et lui oppose ses portes : elle a un centre, elle, non la cité qui m'a vu naître et dont le cœur est un gouffre. Ponts ou portes, ma carte du Tendre est celle des passages. Perdue ? Certes oui, cette ville qui m'a mis au monde et délivré du monde.

Le plan de Jérusalem, celui que des auteurs et des auteurs ont cherché — et souvent cette quête n'était pas harmonieuse car... *laisse tomber, perdu d'avance* —, est sans doute cette ligne d'horizon tremblante, aperçue un soir où le ciel mauve était indien ou ce matin où le ciel lavande était provençal : de l'est à l'ouest, dans ce nife qui mêle avec assurance la correspondance improbable des sphères de notre humanité brisée. À l'est, la cité jébusite, le plus vieux noyau de la ville, la beauté dépouillée et totale des cimetières, le souvenir des mystères de Canaan rôdant sous les arbres, de ces déesses immodestes qui sentaient le sperme et l'olivier. À l'ouest, la Méditerranée, la mer qui médite la terre, l'obsession d'une sagesse et d'une loi. Au centre, des portes qui jettent leurs signes cardinaux et qui font rêver, oui nous tenons le bon bout, oui nos pensées fracturées et nos gestes rompus vont reprendre ici leur union, oui le tibia blanchi de ton amour et les vertèbres sèches de mon amour et tout ce squelette de notre amour va s'articuler de nouveau et se lever de la vallée des os. Trop beau, trop forte cette aspiration cyclonique, trouve-t-on sa place en un grain de beauté, *mikhlal yofi*, dit le psalmiste, c'est-à-dire beauté totalisante, totalitaire beauté ? *Autumn in New York, April in Paris*, mais Jérusalem passe les saisons et paralyse les poètes à moins qu'ils n'en rêvent de loin, qu'ils échappent aux pièges de ses ruelles et de ses portes.

De par le monde existent d'autres Jérusalem : par exemple celle d'un nègre désespéré et sanglant qui s'appelait Nat Turner. Il aurait peut-être fallu fonder mille Jérusalem, casser l'obsession du centre, disperser le savoir pour le nourrir d'autres jouissances et d'autres douleurs. Mais le centre reste pris entre ses portes, et le savoir est perdu, tandis que les prophètes se parodient dans l'indifférence. Le plan de Bénarès est connu : de l'harmonie descendant en plages successives vers l'harmonie du fleuve géniteur. Jérusalem se répète dans les siècles pour attendre l'harmonie mais n'est point harmonieuse. Des campements, oui, soi-disant réunis par une police à cheval, par des autobus rouge-blanc ou vert-blanc, par des rues dont on a oublié le nom, qui a tant changé. Tous les chemins y divergent. Sa carte municipale suscite trop de controverses pour être épinglée aux tableaux des écoles. Deux certitudes, peut-être : plus on avance vers l'ouest et moins les palmiers se pavanent ; et personne n'a jamais reconnu, en butant contre la muraille incroyablement menue de l'ancien Temple, ce Mur des Pleurs dix mille fois photographié.

Le désordre des collines : c'est vrai, elles bondissent comme des brebis, elles dansent comme des brebis à l'approche du divin, ainsi le veut le texte hébraïque. La confusion des rues enlacées sur elles-mêmes. Le caprice du siècle, qui a jeté ici une Babel de langues et de coutumes : la Géorgie juive campe auprès de Boukhara, la grande famille afghane des Gol côtoie des Lituaniens, et les juifs de l'exil se confrontent aux Palestiniens de la vieille terre. Les jeux de piste du temps, qui confère aux immeubles les plus récents, les plus besogneux comme une médiévale solennité. La césure inévitable de cette ville toujours occupée à être unique, qui s'arrête à droite et à gauche de la rue des Prophètes, « prophètes » au pluriel de l'administrateur anglais qui voulait ainsi trouver la paix en donnant aux juifs et aux Arabes leur propre satisfaction, à chacun son prophète. Le désordre des saisons et des cœurs. La chaleur et le froid, extrêmes ; le doute et la foi, extrêmes. Le doute né des corps caressés de chaleur, une sueur d'intelligence les baigne. La foi née dans les pierres aveuglées de nuages et de vent, leur voix blanche ouvre sur le ciel.

D'autres arpenteurs de l'espoir sont allés poser leurs équerres sur son antipode : l'Orient extrême, qu'ils supputaient, serait l'entrée du Paradis puisque la vallée de la Géhenne est l'antichambre des morts. On a parlé d'Éthiopie, là où la belle du Cantique — encore elle — n'aurait plus honte de la noirceur de sa peau... Et s'il fallait trouver un plan inversement rebelle à celui de ce nombril, de cet omphalos du monde, un plan dont la gravité se découvre comme un caprice et comme une douteuse plaisanterie ? J'aime à penser que le continent australien, dont l'ombre formidable et lointaine hante les fins de ce siècle, a dû inventer son centre et chercher sa capitale parmi les broussailles de Yass-Canberra battues par les dignes cannes des sénateurs envoyés en mission fédérale. Ah ! si le temps était aussi flexible, si nous savions nous refaire de nouvelles têtes à chaque réincarnation, si la peur de ne pas marquer l'histoire se faisait oublier pour le simple plaisir d'un jeu avec le centre, et certes le Paradis se conçoit sans point cardinal et sans mise en scène de la centralité, non ? Mais c'est que l'Unique nous taraude, et nous interdit de réfléchir un croquis de nos vies où la convergence ne serait pas impérieuse ; le plan, alors, s'irradie vers son cœur pour faire, à temps compté, explosion. L'histoire de cette ville est belle et laide comme une réaction nucléaire.

Dans sa plus ancienne apparence picturale, sur la mosaïque de Madaba, Jérusalem s'entoure de six portes et de vingt et une tours. Depuis, tous les cartographes de toutes les confessions essaieront d'exalter sa centralité, son énergie ramassée sur l'absence du Temple. Le plan de Jérusalem ? Des échappées de souvenirs rayonnant de portes conservant l'absence… Jérusalem est totalement belle, et totalement inaccomplie, elle est l'attente, l'à-venir, le manque, et le Talmud veut qu'en son souvenir celui qui blanchit sa maison laisse

un carré vierge sur le mur, que celui qui prépare un grand repas oublie volontairement un
des services, qu'une femme se parant de tous
ses bijoux en laisse un ou deux dans sa cas-
sette. Faire le plan de cette ville qui est du
« laissé-pour-compte ». Arpenter l'espace où se
déroule le seul vrai pari, celui que chante Mah-
moud Darwich : « J'échangerais Jérusalem
pour le Paradis car il n'est pas aussi beau et
humilié, car il reste une promesse n'ayant pas
encore révélé sa trahison. » Passer de l'exil à
l'exil, monter toujours plus haut au nadir de
l'exil, quand bien même l'homme quadrille
la terre et souille la mer de ses certitudes.

J'écoute un chrétien conter la difficulté de
vivre à l'ombre de la croix, un Arménien se
plaindre des coptes, un juif se plaindre des
juifs, un musulman construire ici la Mecque
du mirage national. Sans la brume de ces voix
l'éclat des pierres m'aurait déjà éborgné,
enlevé l'œil avec lequel je croyais devoir aimer
toute ma vie durant. Je passe le temps, je
crayonne des portiques qui sont des portes et
qui sont des ponts. Il n'y a pas de réconciliation, vers l'autre il n'est que des passages.

Porte de Jaffa

Le 13 mars 1908, quelques nuages caracolant au-dessus des collines de Judée, une foule ébahie se presse devant la porte de Jaffa pour apercevoir la première automobile à jeter les reflets disgracieux de sa carrosserie contre la blancheur totale des murailles. Charles Glidden et madame, un Bostonien original arrivé avec sa machine de Jaffa, « touriste mécanisé » selon les titres de la presse suivant avec passion ses tribulations, est devenu le Houdini de la Palestine, l'espace d'une journée, et c'est la porte des audaces, celle qui ouvre sur la mer et ses dangers et ses trouvailles, c'est la porte de la modernité qui consacre son triomphe.

Ici, Jérusalem se fait active et hardiment moderne. Vers l'Occident, vers les progrès innombrables, vers la mise en scène du pouvoir. Une décennie après l'arrivée du pionnier automobile, un autre précurseur du culte de la rapidité, un autre inventeur de ce siècle, le grand reporter Albert Londres, est lui aussi planté porte de Jaffa pour jouir d'une spectaculaire cérémonie officielle : sous un arc de triomphe multicolore « attendaient le gouverneur général anglais, des colonels et capitaines anglais, entourés des princes de l'Église, de Pères à longue robe blanche ou en bure noire, d'enfants de bédouins ayant arrêté leurs chameaux et de juifs sortant de se lamenter ». Parade, plaisir de paraître sous les hauts palmiers bercés par un vent quasi marin... Tout cela est encore visible dans ces processions de Pâques : à l'entrée de la rue du Patriarche-Latin, figés dans une marche arrêtée et théâtrale, les tambours de la fanfare arménienne, filles et garçons, lèvent haut le genou mais ont le regard sévère planté dans le dos des notables de l'Église, bien moins érotiques, eux-mêmes précédés de chambellans à la canne lourdement ferrée. Pour préparer ces débauches de solennité, les jeunes musiciens ébranlent de leurs répétitions, durant des semaines, les ruelles du quartier chrétien ; chaque soir qui tombe renforce sa mélancolie dans les roulements incertains et tenaces de la grosse caisse, dans les mièvreries de cornemuses inexpertes.

À la porte de Jaffa se livre aussi la parade des cœurs. Le samedi, à moins qu'une guerre ou une bourrasque de neige ne contrarie ce plan, l'esplanade est aux belles et aux voyeurs. Les jeunes cafetiers arabes frisent leur moustache au passage de Nordiques empruntées, mais se figent en statue de reproche et d'envie lorsque indifférente d'ébène une juive vient à faire planer comme une menace sa chevelure. Le désir est à visage nu, solitaire comme lorsqu'il est vrai, et il sait montrer alors qu'il est capable, plus que l'extase religieuse, d'emporter la cité à la dérive. Soudain la ville écrasée se fait mouvement : la rapidité de cette foule qui parcourt sans but les rues, la tension des jeunes guetteurs assis sur les balustrades et que frôle la ronde des autobus, l'animation des filles, portant leur beauté avec la vulgarité et l'héroïsme d'un drapeau, prêtes pour la bataille d'amour qu'on attend ici comme on attend la prochaine guerre. Il y a longtemps, l'une d'elles glissa sur une pelure d'orange et tomba en laissant échapper son sac. Un écrivain était là, Samuel Joseph Agnon, et nota : « Il y avait un miroir et un peigne, un poudrier en or, un tube de rouge à lèvres et un flacon de vernis à ongles, de la brillantine et du parfum, une pince à épiler et les lettres d'amour du mari de sa meilleure amie — entre autres babioles du même genre, à l'usage du corps et de l'âme. » Tant de roue-rie ingénue : le désir dans sa jeunesse encore, le désir pas encore terrorisé à l'idée de ne plus désirer.

Déroute des principes. Qui tremble de faim dans les quartiers juifs où le Shabbat a fermé les échoppes vient ici dévorer un repas bâclé. La rigueur musulmane ne veut même pas s'aventurer devant les cafés saturés de musi-que rock et du ronronnement des flippers. Seul le monothéisme le moins jaloux s'y trouve à son aise, et abdique toute tradition dans les hordes moutonnières de pèlerins. La porte de Jaffa est l'antipode du mont des Olives et de la vallée des Ossements, elle se détourne furieusement de l'obsession de l'au-delà, et c'est une foule très semblable qui a dû entendre jadis le prédicateur l'inviter à « laisser les morts ensevelir les morts ».

Tous les frôlements de la ville se sont réfugiés au parc de l'Indépendance : quelle liberté, contre qui et pour qui, et si cette autonomie se faisait contre la ville et sa sainteté, s'il fallait fredonner *« Baby, you miss me tonight »* alors que les murailles écrasantes ne sont guère éloignées ? Indépendant de qui, juif de toutes les nations, et quel parc parcouru par les pédés et les interlopes de la nuit parmi les tombes arabes abandonnées au gré des broussailles ? Sentiers dangereux serpentant dans les décombres de la fierté nationale, vous accueillez le pire et le meilleur, l'énigmatique de ces nuits à peine chaudes. Là, tout près de la porte de Jaffa, alors que les voitures agressives se sont tues, il demeure ce besoin de perdre ses traces sanglantes dans la mince verdure, je vous jure que vous me faites rire avec votre pauvre solennité d'une certitude retrouvée. Un taxi s'arrête à côté, deux chauffeurs pédés se penchent à la fenêtre et me demandent de goûter à mon pétard ; je leur tends le bout rougeoyant dans la nuit, ils tirent sur la fumée rebelle et nous nous rions à la figure comme de grands nerveux, et ils me demandent si je retourne aux buissons, nenni d'ailleurs je n'en étais pas et je suis seulement sur le retour à la Vieille Ville. Une femme peut-être, suggèrent-ils en des sourires désarmants, patiente dix minutes et nous revenons avec une Américaine — non, surtout pas une Américaine sûre de son bon droit et de son argent —, d'accord il s'agira d'une fille du cru, Yael, que son sourire s'illumine et te voici gisant de peur et d'ineffable bonheur, attends ici sans ombrage et sans crainte. Un peu plus tard les marlous sont de retour et invitent à rentrer en la Mercedes multiportes qui, dans les charniers de Beyrouth comme dans le faux désordre du Caire, trimbale toujours la même dégaine orientale.

Elle est là, la femme au visage coupant comme la lune, renfrognée dans un coin de moleskine, elle attrape ma bouche avec la voracité d'une déesse cananéenne ; pour le reste inexperte mais résolue, résolue au point que la voici planant au-dessus, dans ses cheveux, cul royal planté dans la fournaise qu'elle paraît avoir elle-même payée de ses deniers pour son propre plaisir. Tandis que les buissons bruissent avec constance par la fenêtre ouverte, elle achève cette nuit où s'échangent les rôles, où le client s'est changé en esclave — «*Ma nishtana haleila zé micol haleilot*», se demande-t-on le soir de Pâque : «Qu'est-ce qui change cette nuit des autres nuits ?» —, par le récit d'un autre subterfuge ; Yael, c'est une identité juive pour une touffeur arabe, elle est de la ville orientale et ses protecteurs lui ont suggéré de s'hébraïser le blaze dans l'espoir de modérer la dérive des baiseurs israéliens. Mais l'échange se bascule aussi dans l'autre sens, précise la femme qui se joue des nationalités comme de bracelets tintinnabulants, et des juives se font arabes pour les besoins de la baise. Un passage sous l'œil vigile des maquereaux, féroces et pathétiques gardiens des murailles, un passage.

Oui, laisser les morts ensevelir les morts, choisir d'autres rites purificatoires, bêtement modernes. Laisser les quartiers s'ensevelir sous leurs décombres, comme Mamila qui n'en finit pas de crouler devant la porte de Jaffa, et que les promoteurs ont décidé de laisser crever de ses blessures reçues durant la guerre de 1967. L'histoire de ce quartier est exemplaire : peuplé de pauvres immigrants venus du Maghreb lorsqu'il était la frontière et qu'un mur barrait sa grand-rue face aux positions jordaniennes, il a été évacué pour laisser aux urbanistes le loisir de cogiter pesamment. Parce que ses bâtisses aujourd'hui défoncées venaient lécher les murs de la Vieille Ville (tentation de l'appeler « la Vieille » tout simplement, mais crainte d'irriter le seul Vieux tutélaire que nous nous connaissons), on l'a réfléchi comme « le pont à jeter entre ancienne et nouvelle cité » ; et la passerelle choisie par les promoteurs est à l'image de ces temps : une longue galerie commerçante, environnée de parkings, que de mornes acheteurs descendraient en se dirigeant comme une fatalité vers les bimbeloteries borgnes du vieux souk. Surplombant cette réunion des ères consacrée par les fripes, des à part-tements luxueux d'où un propriétaire venu quelques jours de Brooklyn pourrait lorgner les pierres chenues et les palmiers maigres de la porte de Jaffa, sans même imaginer de l'enfiler vraiment, cette porte, d'aller à l'autre oriental. Des années de polémiques, de faillites, de démissions, de traque aux capitaux, et Mamila a poursuivi sa chute sous l'œil impassible de Notre-Dame-de-France. Accoucher du neuf n'est pas toujours facile lorsque le pouvoir pontifie.

Pouvoir. La percée sur la porte de Jaffa a été pavée pour la visite du Kaiser Wilhelm II en 1898. Aigle de fer au fronton de son casque, grand manteau livide, l'empereur avait établi son camp rue des Prophètes, non loin de l'incroyable église russe orthodoxe. Allée des grands et voie marine, la rue de Jaffa, avant de devenir l'artère principale de la ville israélienne, a été consacrée plaque tournante commerciale par les Grecs industrieux et les riches Arméniens. Dans Mamila désert les fillettes jouent à la marelle, mais en surplomb triomphe la voie royale du négoce, d'un négoce pourtant parvenu à résister au démon amnésique de la « nouveauté ». Et c'est ainsi que de bas en haut de la rue on peut reconnaître au toucher, voire à l'odeur, des strates

de l'histoire commerçante : boutiques mori-
bondes où se débitent encore quelques piles
électriques dans un capharnaüm de boîtes,
échoppes austères immuablement grises
depuis leur fondation par des immigrants,
juifs roumains ou polonais dans les années
trente, commerces bourgeois et raisonnables
de l'après-guerre, boutiques de frivolités ten-
tées par d'ex-Parisiennes désormais vieillissan-
tes, bijouteries cossues des juifs iraniens ayant
fui l'arrivée de l'intégriste de Neauphle-le-
Château, bouis-bouis infâmes où les cornichons se gorgent de leur eau toute la journée
et où se retrouvent les souvenirs de l'Israël
pionnier et fruste, mangeoires à l'américaine
modelées par l'ère du hamburger, fringueries
tocardes opérant une remarquable offensive
sur la rue Ben-Yehouda dédiée à celui qui fit
revivre la langue hébraïque en ce siècle
oublieux... Ici on n'oublie rien et on ne
s'oublie jamais. La mise en scène du pouvoir
part de la porte de Jaffa et fait comme une
traînée de poudre sur la joue d'un carabinier.
Grande synagogue austère, Parlement, monu-
ments taillés dans la pierre blanche, mauso-

lée de Theodor Herzl autour duquel se serrent les tombes des soldats. Le négoce est là pour donner des airs de liberté à ces édifices trop lourds où se rassurent les bureaucrates d'un État trop jeune.

Au début du siècle, c'est le Fast Hotel — dont on peut lire l'enseigne « Hôtel Rapide » ou « Hôtel du Jeûne » — de la rue de Jaffa qui concentrait l'attention des touristes. Il a été détrôné par le King David, manière de mastaba hôtelier dont les carrelages trop briqués reflètent les corps disgracieux des généreux donateurs, des amis d'Israël dont la spiritualité se déplie en portefeuille. Il est plus qu'un hôtel : l'annexe du palais présidentiel, le relais des ambassadeurs extraordinaires, la massive sentinelle de la raison d'État veillant sur la Vieille Ville. Ceux-là mêmes qui l'avaient fait sauter lorsque les autorités du Mandat britannique s'y étaient établies ont depuis reçu les rênes et y donnent soupers et conférences, un peu comme si les hommes de la Constituante avaient décidé de tenir table ouverte à Versailles. Dans les plans secrets où l'Irgoun préparait l'attentat anti-anglais de 1946, le King

David fut désigné sous le nom de *malonchik*, « hôtel de rien du tout » en hébreu, magnifique antiphrase. Menahem Begin célèbre ainsi dans son autobiographie l'ébranlement de la puissance en Jérusalem : « Soudain la ville entière tressaillit… les pots de lait entreposés au sous-sol grimpèrent jusqu'au toit à travers six étages de pierre et de béton armé. » Pots de lait, envolez-vous au ciel.

De la citadelle de David, ébranlée aujourd'hui par les tonnerres supersoniques de la chasse israélienne, partait jadis une chaîne de colonies-forteresses romaines : Colonia, Le Castel, Abou Gosh, et jusqu'à Lod (l'aéroport) d'où l'on peut fuir désormais ce pays trop violent. Monter ou dévaler cette route, au long de laquelle gisent savamment les carcasses des chars d'assaut de la guerre d'Indépendance, c'est parcourir son désir d'une cité politique jusqu'au dégoût ; la Ville, toute travaillée de puissance, toute traversée du réseau d'adduction des pouvoirs, n'est décidément pas à la merci des prétentions politiques. Et l'on retrouve ce sort étrange qui s'est dérobé chaque fois qu'il a été question de pri-

ver la cité de son titre de capitale du monde :
décrétée *amana* par les Jordaniens quelques
mois avant la guerre des Six Jours pour égayer
ses allures de bourgade endormie, saturée des
signes du nationalisme israélien, Jérusalem ne
se fait pas à ces prétentions, sans doute parce
qu'elle conserve toute son histoire quand le
politique est d'abord la pulsion de l'instant.
On ne peut crier sous ces murs « Plutôt rouge
que mort ! » après avoir juré « La liberté ou la
mort ». Ces alternatives ne conviennent pas à
la violence fade des pierres, à cette chaleur
blanche qui fit chanceler de peur et de désir
la belle pulpeuse de *Cités à la dérive*, là, un
jour d'été dans la foule grondante, tendres
cuisses sous la robe, face à la porte de Jaffa.
En cette même esplanade où, au siècle dernier, les juifs venus du monde pour approcher des vestiges du Temple portaient la main
à la poitrine, agrippaient leur veste ou leur
tunique, tiraient d'un coup sec et traçaient
dans le tissu la déchirure du deuil et du
souvenir.

Voilà, on est allé jusqu'au bout, car cette
porte ouvre tout crûment sur l'explicite.

Aujourd'hui le quartier chrétien est en liesse pour la cérémonie orthodoxe du feu pascal ; le feu divin qui s'allume au Saint Sépulcre sent le cramé, il brille bel et bien sur les cierges et dans les prunelles sombres des prêtres coptes. Ce n'est pas l'abscons désir de Dieu, c'est du feu issu du tombeau du Christ. On se bouscule pour le prendre, on se presse de porter sa parcelle de feu vers les lampes de son église, on suit Leurs Béatitudes les patriarches qui vont dans les volutes d'encens. L'inspiration divine parcourt les rues et habite les maisons, elle se suit à la trace, ce paganisme en dit long sur les rapports charnels qu'entretient l'Église d'Orient avec le sacré. Sacré feu de Dieu : une oreille papiste encaisse comme un juron cette représentation de l'indicible, ce jeu avec le feu, et les cloches sonnent à toute volée et roulent les tambours.

Encore près de la porte de Jaffa, dans les plis sombres du patriarcat arménien, l'église Saint James honore son saint patron, Jacob le frère de Jésus, enterré là sous ces épaisses tentures et sous cette niche dans laquelle l'officiant s'enferme pour de longs conciliabules avec la mort. Les fidèles debout sur les tapis chantent en suivant le rythme d'une cloche cachée quelque part dans les voûtes impénétrables. Les reliques passent, jouets d'enfant baisés avec dévotion, les prêtres arméniens toujours couverts rejettent un instant leurs cônes de drap noir, se rassemblent devant la tombe, vont vers le grand autel, s'arrêtent devant seize marches qui conduisent à un réduit où demeurent les fragments d'une croix. Au-delà de la Passion reste la promenade des reliques.

Garder les feux allumés, se réjouir sous les tentes. Autour de la porte de Jaffa se sont réunies les salles de danse où l'on célèbre communions et mariages. Il faut monter d'abrupts escaliers, se mirer dans des glaces trop vastes, déboucher sur le spectacle de la convivialité. Le politique a reculé devant les connivences de la tribu ; en ces instants trop brefs, les juifs sont enfin une des maisons d'Orient, vivant leur ville dans la musique et dans l'odeur du *zhar* : pour se sentir heureux sous une tente de Jérusalem, il faut apprendre à dominer le regard de l'autre, à vivre les tensions du clan comme un exercice d'humanité. Orchestre kurde ou *rebab* maghrébin, l'exil a pris la tournure délicate d'une chanson d'amour, il est temps d'abandonner la posture du juif regardé du monde et de se serrer contre ses incertitudes.

Elle danse, Salomé. Sur ses reins se cabrent des cheveux dangereux comme la nuit et le regard étonné des Anciens, de nos pères qui soudain se laissent gagner, au détour de la fête, par le souvenir d'une ancienne vigueur. Cette femme cambrée défiant la Loi, nous lui abandonnons toutes les têtes qu'elle veut, ma tête est déjà partie sur un plateau de *briks* aux œufs, oui j'ai trop souvent oublié d'ébranler le sol pour le plaisir jaloux d'un tête-à-tête avec la Loi, et tes beaux déhanchements assassins avertissent qu'on ne perd la tête que pour toi, Salomé, et tes yeux extasiés et vigilants surveillent le fils trop préoccupé de sapience, le jeune homme encore persuadé qu'il a mission d'écriture. Combien de bals nous ont vus assis dans notre inquiétude, les coudes sur la nappe blanche de *bar-mitsva*, champagne tiédissant dans la main, effrayés par la chaleur du groupe, par la nostalgie des vapeurs d'anisette, en marge de la tribu. Nos pères guettaient nos regards, impatients de nous voir choisir la femme, la lignée, le *minyane*, le cercle concentrique des affections et des peines. Et nous nous sommes dérobés, nos mains cherchaient d'autres danseuses, sages comme des images celles-là et non ivres de sang et de têtes, seulement fières de leur corps soyeux, et amusées par nos errances, et patientes devant nos brusques angoisses, et merveilleusement protégées contre les piques familiales, et désirables sans la menace de la paternité.

Nous avons fui la danseuse du vieux temps, la compagne de Myriam au creux de la mer Rouge, les gestes du campement dans les sables, les lourds bracelets sous la jupe sombre, les yeux immenses que seul maîtrise le khôl, la dangereuse amie, la fille de Jérusalem qui éveille le désir cul par-dessus tête, l'Orient notre mère, la fiancée, celle qui doit retourner à la mer, celle qui offre aux caresses ses collines de Judée, ses collines qui bondissent à l'appel du ciel. Et cependant Salomé danse encore parmi nous, comme si notre fuite avait durci ses yeux et fait ses jambes plus pures. Cette é-mouvance du corps, Salomé, n'est pas la danse à laquelle t'invitent les discordances électriques d'un orchestre banlieusard. Pas ce coït vertical sous les yeux des mères, ce spectacle abhorré du complice de Solal. Toi, avec tes cheveux immenses, tu sais l'hébreu du corps et du jeu, le passage au travers des mauvaises forces qui habitent l'air. Ta danse est de trépignement biblique, *khagag* c'est-à-dire réjouissance, *pesakh* c'est-à-dire saut symbolique, *kirker* parce qu'il faut tourner et retourner, *pazaz* pour s'étourdir, *sakhaq* pour s'amuser, *rakad* enfin qui signifie danser pour séduire, tous ces verbes de la Bible dont nous avons perdu les nuances.

Nous les avons délaissées, les filles du cercle, et ce reproche amusé dans leurs yeux ! Je sais que tu plaisantes, que tu prêtes tes hanches à des rythmes impurs — nuit interminable, laisse enfin l'aube venir, même si le jour n'a pas ta beauté... —, que mon sérieux te paraît vain. J'oublie tes ongles trop laqués, tes secrètes maladresses dont j'ai méchamment guetté la cadence. Je tolère le fiancé barbu et congestionné, dont la *kippa* pointe comme un pain de sucre, je tolère les frères envahissants et curieux, je prends ton verre et pose les lèvres sur le coquillage rouge que tes lèvres y ont laissé, je tolère la musique des midinettes. Mais tes yeux fatigués de tant d'ironie m'ont délaissé, et tu te détournes sur la piste engoncée de couples, de totons rabbiniquement agréés.

Oui, rabbins de nos bals, vous feignez de ne pas voir les seins de Salomé s'attendrir sous la soie, vous tournez dans la salle à la recherche de bouteilles qui attendent votre tire-bouchon consacré, jadis le visage de certains d'entre vous me plongeait dans les larmes — cette force sereine que je sentais me gagner, cette certitude d'un sacerdoce sans héroïsme, fièrement humain —, mais vous avez laissé la Nature entrer chez nous, vous avez accepté les indulgences et la fausse rigueur, vous rasez encore la tête de vos femmes par peur qu'elles ne s'emparent de la vôtre et ne l'exhibent sur un plateau. Vous voici devant Salomé, avec votre redingote et votre barbe de père archaïque, et vous ne lui faites pas baisser les yeux

car elle ne craint que les patriarches, ou le messie androgyne auquel vous ne croyez plus
depuis bien longtemps. Sortez de votre poche
retirée l'incantation contre Lilith, j'ai peur
qu'elle ne soit sans effet mais je la dirai avec
vous :

Dans un doux vêtement de velours, es-tu ici ?
Arrête, arrête, n'entre pas et ne sors pas !
Rien de toi et rien en toi !
Retourne, retourne ! La mer t'appelle,
Moi j'ai la part sacrée, je suis en la Sainteté
                                        [du Roi.

Et les pères observent à la dérobée ce rebelle
qui murmure à contretemps, qui convoque
des gestes et des mots sacrés pour se convaincre que le ciel va lui répondre. Penché sur la
table où des fleurs pâles s'étiolent, un ban
pour la mariée ou pour le *bar-mitsva* fait trembler les verres, aller tout à l'heure féliciter les
géniteurs de la vierge en taffetas ou du juif
frais émoulu qui s'étouffe d'une cigarette et
constater qu'ils ne t'écoutent pas, que le poids
de leur descendance tire leur regard loin
devant, au-dessus de ta tête. Un jeune Brum-

mel, cravate dénouée, récite des versets contre Lilith. Et cependant cette nuit encore la voleuse d'enfants viendra lui dérober ses rêves et cueillir au creux de ses reins la rosée des songes.

Ah, sortir sous le couvert des étoiles pour la *Birkat ha-Levanah*, arrêter ses peurs devant le premier croissant de lune et regarder le monde revenir à lui. S'arrêter devant le spectacle des cycles, bannis du corps des mâles mais plus tenaces que leurs bras musclés. Dans l'Europe bornée, combien de nos pères sont morts sur le bûcher pour être sortis à la lune et avoir célébré en dansant son retour ? Dans le regard de l'autre, cette danse pure au-dessous du mystère était une infernale ronde. Tu t'ébroues, tu sors du regard de l'autre qui nous a tant râpé la peau, et tu danses pour la *Levanah*, la Blanche, tes chevilles dorées se tendent et sur la pointe des pieds tu dis la formule : « Ainsi je danse vers toi mais ne peux t'atteindre dans le ciel, ainsi mes maudits ennemis jamais ne pourront m'approcher. » Dis-le, ne te dérobe plus à ces jeux qui sont le seul avenir de l'homme.

Bannis de l'Orient, nous y revenons sur l'aile de bombardiers. Des brochures imprimées à Brooklyn veulent nous apprendre la sagesse de nos pères. Tes cheveux funèbres et tes yeux inquiétants sont cette nuit mon savoir, Salomé, mon retour au pays et aux odeurs sacrées. Tu me reconduis à moi, et tu n'es pourtant pas ma mère. Je ne te veux maternelle, ni hétaïre. À mes côtés, pour une nouvelle traversée du désert car nos frères grattent toujours des pyramides au couchant. Tu es celle dont parle Rabbi Shima'on : «Toujours c'est l'homme qui va au-devant de la femme pour appeler son amour, mais voici qu'une femme poursuit l'homme et lui fait la cour, et c'est ici un très cher mystère, l'un des plus chers trésors du Créateur.» L'amour de la fille terrestre appelant son promis céleste, je le lis dans tes yeux clairs et dans ta chevelure apaisante.

Nous, les rebelles, nous sommes levés alors que le bal tournait à la débâcle ; des enfants dorment dans la soie des cadeaux, deux pères divaguent sur l'avenir improbable de leurs fils, une belle effarouchée a fui un baiser sur le balcon. Bouche amère et tendre, te voici debout, tes paumes jointes collées au cul soyeux de l'amie, ta tête offerte sur le plateau de ses cheveux. Un slow, une chanson douce pour un enfant sage, Adam et Ève enfin face à face et non plus côte à côte, où commence ma peau et où finit la tienne, chérubins que nous sommes, demain je te prends la main et nous montons lire la Loi ensemble sous le regard navré des faux savants, et tes mèches d'ébène caresseront les lettres de miel, ma tête a roulé sur ton épaule qui lui pardonne et lui redonne la sagesse de sa cannelle et de sa mer. Le parquet glisse et miroite sous les jambes douces, et encore plus tard dans le matin je poursuis ces retrouvailles avec moi-même lorsqu'un père obtient que la musique du Couchant se taise et que les rythmes de notre vieux désert habitent enfin les *derbouka*. Chants de menthe. Basilic à la tempe. Révoltés avec constance.

La nuit a passé ; Lilith s'est assise parmi nous, ses bras nerveux berçant ses seins. Comme dit le chantre de notre jeunesse — non pas ces cantors jouant aux prédicateurs avec leur jabot —, « *Col ha-milim ne'almou bêkoli* », « Tous les mots se sont enfuis de ma bouche ». L'orchestre, réveillé de son égarement oriental, démarre une boitillante *hatikva*. Debout, hagards un peu devant ce spectre de l'Autorité, cette figurine d'un Commandeur idolâtre, les fils du Maghreb se regardent écouter une mélodie qui vient du *Deutscher Rhein* germanique, de l'hymne national polonais et du chant moldave *Carul cu Boi*. L'hymne a été décrété nôtre lors du XVIIIe Congrès sioniste, en 1933 à Prague, Tchécoslovaquie, Europe. L'hébreu en est tout assourdi, cette vanité ne parlera jamais aux tribus. Jamais. Voici arrivé l'ultime de cette sombre histoire d'élection : le peuple élu est tellement aimé de son Grand Électeur qu'il devait s'attendre à être si cruellement trompé, si souvent. Comme à la sortie d'Égypte, où de faux signes de piste apparurent pour retarder la révélation amère de cette Terre promise qui n'était que guerres et souffrances. Jeune, ce peuple a écrit un livre, ce livre-là ; plus il vieillit, plus il écrit juste mais plus il perd la jouissance de se relire. Comme nous : embarrassés, nous nous grattons la tête, elle tient toujours. Pour le mal de cheveux en cette aube sur la ville, du café turc avec une pincée de sel.

Porte de Sion

Par exemple, s'asseoir au soleil. Regarder ses ongles rongés, ses peaux mortes. Regarder longtemps les traces de déchéance, penser sereinement que son corps n'est pas désirable, attendre de longs moments l'apaisement, ne pas céder aux prétextes que se donne ton corps, au mal de tête, à ton œil aveugle qui capitule devant le soleil et irradie sa faiblesse dans le crâne tout. Un jour, c'est pour te souvenir de ton corps qu'il te faut faire effort, ensuite pour reconnaître sur lui tes titres de propriété, ensuite pour te convaincre de ne pas l'abandonner, ensuite pour dessiner l'ombre des membres et de la tête sur la pierre, ensuite pour te lever et partir, ton corps est resté sur la pierre et meurt avec la lumière du soleil.

Tu ne te retournes pas. Celle qui était venue

s'asseoir aussi, mettre ses jambes dans le repos inquiet de tes yeux, par jeu tu ne l'as pas dévisagée, dévoreur de visages, et de nouveau tu pars dans l'idée que ton corps va mourir seul, que sa main brune entrevue ne se posera pas sur ta gorge fatiguée de silence. À son silence à elle, tandis que je marche, il faudrait adresser une lettre et je la rédige déjà avec mauvaise foi : J'attends d'autres mots de toi (dis-tu), car l'amour de toi m'occupe et me coupe les lèvres, remets de la vie dans ma vie car la blessure qui vibre en moi m'entaille la bouche, tu es d'un lieu, toi ? Les murs de ta naissance ne sont-ils pas tombés ? Tu ne vis pas de la musique de tes pleurs ?

Ici, ne plus prendre peur du nom. Jérusalem, purée de sens et rêve des itinérants, débris des rêves et débris d'olivier, mot qui trop chatoie, s'en imprégner jusqu'à battre de son rythme sous la porte voûtée, coupée la nuit des obliques de sa lanterne. Le corridor se glisse entre l'enceinte vénérable et le cimetière du mont Sion. Un pin parasol s'incline avec sollicitude, il y a de la pierre jusqu'à plus soif. Le roi David est mort ici, fou de vie il ne fut pas jugé digne de bâtir la maison divine. D'ailleurs le peuple de Jérusalem n'est jamais sûr de mériter la beauté de ce mot, et vit dans la hantise qu'il lui soit retiré. Alors il est un talisman ; dire et redire le nom pour que le nom s'empare de la ville et la conduise au-devant de la vie.

Les juifs d'Éthiopie, retranchés dans les monts du Gondar, œuvrant à la connaissance de ce mot dont ils ne pouvaient pas même entrevoir un peu de chair, voulurent chanter la ville où devait se tenir l'ultime rendez-vous. Tout au long du texte biblique traduit en langue guèze, ils traquèrent l'apparition du nom, et de chaque phrase habitée des quatre magiques syllabes ils firent un collage dont un chercheur français retrouva la trace :

« Et sera reconstruite ta muraille, Jérusalem. Et à toi sera adressée la prière à Jérusalem. Dans ton sacrement, Jérusalem. Et ils fondèrent Jérusalem. Et ils versèrent leur sang, Jérusalem. Ta gloire, Jérusalem. Et dans ton milieu, Jérusalem. Dans tes places, Jérusalem. La reconstruite, Jérusalem. Et fut annoncée la libération de Jérusalem. Et tu verras la beauté de Jérusalem. Celui qui habite Jérusalem. Je ne t'ai pas oubliée, Jérusalem. Au jour de Jérusalem. Sois louée, Jérusalem. Cité de nos ancêtres, Jérusalem. Demeure des saints, Jérusalem. Et par sa clémence, Jérusalem. Et dans ta ville, Jérusalem. Et les anges, les chantres, Jérusalem. Et à cause de Jérusalem. Quand est le deuil de Jérusalem. Jusqu'à la vision de Jérusalem. Le mont de son sanctuaire, Jérusalem. Lève-toi, Jérusalem. La porte de Jérusalem. Les chemins de Jérusalem. Dans Jérusalem vous demeurerez, Jérusalem. Écoutez, Jérusalem. Ta raison est maligne, Jérusalem. Lorsqu'a été prise Jérusalem. Et il dit aux peuples, Jérusalem. Ils se sont souvenus du peuple, Jérusalem. Et ils ont glorifié Jérusalem. Dans ses chemins, Jérusalem. La sainte Jérusalem. À ses villes, Jérusalem. Les mains de la Judée, Jérusalem. Et ils ont pillé Jérusalem. Qui habite Jérusalem. La grandeur de Jérusalem. Ses portes, Jérusalem. Sa grandeur, Jérusalem. Et à ses tables, Jérusalem. Pleurez, Jérusalem. La parole de Jérusalem. Ceux qui émigrèrent, Jérusalem. Luttez pour elle, Jérusalem. Tout ce qu'il dit, Jérusalem. Et nous sommes entrés, Jérusalem. Chez toi Jérusalem. Tout le peuple, Jérusalem. De l'ouverture de la porte, Jérusalem. Toute la puissance de Jérusalem. Ton repos, Jérusalem. Et au peuple de Jérusalem. Lorsqu'ils la lèveront, Jérusalem. Ses chemins, Jérusalem. Elle a péché, Jérusalem. Qui se rappelle Jérusalem. Adorez, Jérusalem. Adorons, Jérusalem. Chantons, Jérusalem. Bénissons, Jérusalem. Servons, Jérusalem. La sagesse s'est révélée, Jérusalem. Éclaircis Jérusalem. Son sanctuaire, Jérusalem. »

Suivre l'étroit passage entre les murs de la Vieille Ville et la clôture du cimetière. Marcher avec à sa droite la cité des vivants et à sa gauche le cercle consacré des morts, deux villes voisines et proches qui se font des signes. Au bout, les collines s'entrechoquent et font bouger leurs boucliers dans les reflets de sable. Sur le mont Sion, à l'ombre de ses pins bouffant dans l'azur, la congrégation des juifs d'Éthiopie, des Falashas, tient chaque année une assemblée de contrition puis de fête : jadis, loin de cette hauteur rêvée, ils pensaient être les derniers juifs du monde et jeûnaient pour obtenir la faveur d'un retour à Sion ; ils ont été exaucés, les Falashas, qui en amharique comme en hébreu portent le nom de la dispersion et de l'errance, mais il leur a fallu faire l'expérience des lois de l'État, de la méfiance des maquis fonctionnaires, du silence des petits hommes providentiels qui hantent les courettes de chaque nation. Falashas du mont Sion, nourris frugalement de l'amour de Sion et désormais mesurés, pesés à l'aune des idéologues qui se demandent ce qu'aurait pensé Theodor Herzl devant un peuple de juifs noirs. Le soir du Sigd, cette fête qui parle d'une nouvelle sortie d'Égypte, les hommes et les femmes, noirs et graciles, aux gestes soyeux et aux vêtements trop empesés pour leur souplesse, descendent vers le Mur ouest où se dit la prière du couchant. Ils ont gagné cet instant de retour véritable, et l'on se souvient que des auteurs chrétiens s'ingénièrent à trouver en Éthiopie l'entrée du Paradis, et si ce peuple du Paradis se trouve ici, c'est sans doute qu'il a entrevu une autre fenêtre d'or, une croisée dans le mur, et d'ailleurs Jérusalem est la seule ville au monde où les hommes parlent à un Mur qui n'a pas d'oreilles.

Il faut avoir connu la mort et la famine rôdant en le jardin du Paradis pour goûter l'amer de l'exil sur ses joues. Comme les Éthiopiens, dispersés d'un continent de rêve, comme tous les peuples qui ont fait l'expérience de Jérusalem, et dont la facilité à « partir de soi » reste un mystère pour l'Europe obsédée de racines, mangeuse de racines. Cette connaissance de l'exil, elle apparaît encore dans les apocryphes chrétiens que les Églises d'Orient persistèrent à lire malgré l'anathème. « Moi, Jacques, qui ai écrit cette histoire, je me retirai dans le désert lors d'une sédition fomentée à Jérusalem par un certain Hérode, et ne revins que lorsque le tumulte fut apaisé. » Elle est vibrante dans le refus du monde des esséniens, puis des saints encratiques ; l'un d'eux, André, débat le mieux du monde avec son persécuteur romain, qui lui hurle exaspéré : « On ne restaure que ce qui a été détruit ! Est-ce que mon âme a péri pour que tu viennes dire qu'il faut qu'elle soit restaurée par je ne sais quelle foi ? » Et André, déjà parti loin de son corps : « Quand je t'aurai montré comment les âmes des hommes étaient perdues, j'exposerai devant toi leur restauration par le mystère de la Croix. Le premier homme en péchant par le bois a introduit la mort en ce monde, et il était nécessaire qu'elle fût chassée par le bois de la Passion. »

C'est dans le désert de Jérusalem qu'est née l'idée de l'exil absolu, du repli monacal, de l'abandon du monde. Dans les couvents chrétiens du Jourdain et des monts de Judée, où la soif d'absolu grandissait la soif d'eau, inspira d'autres reclus, et taraude encore le monde puisque d'autres vocations monacales se découvrent, jusqu'à l'ouest de la cité où Notre-Dame-des-Croisés reçoit encore à Abou Gosh de nouvelles novices. Dans ce désert aussi ont vécu les premiers ascètes de l'islam, les *zuhhad*, et de leur beau silence est venu le long défilement de l'extase — qui, en arabe, sonne presque comme « existence » —, le jeu de *tajrid* (ne rien posséder) et de *tafrid* (n'être possédé par rien), les trois transes de la langue, du cœur, et de l'intime, la question de Rûmi : « Les amoureux recherchent tous des signes, leur amour ne les conduit que vers Celui qui est sans signes. Il y a du sang répandu tout au long du chemin : n'est-ce pas suffisant ? » Cette qualité-là de l'exil, qui fait tourner les derviches, s'est tarie dans le désert. Muhyi al-Din al-Arabi étonnerait les prédicateurs d'Al-Aqça s'il disait aujourd'hui comme jadis : « Mon cœur est capable de tout, il est le cloître du monde chrétien, un temple pour les idoles, une prairie pour les gazelles, la Kaaba du pèlerin, les Tables de la Loi, le Coran... Amour est ma foi ! » Et les chiites n'ont jamais fait grand cas de Jérusalem.

Imagine les débris de la Congrégation du Maître de justice, guettant une Nouvelle Alliance dans les *wadi*, ne s'aventurant jamais sur les routes, enterrant leurs manuscrits dans les grottes de Qumran ; il fallait oublier son corps pour oublier qu'il avait soif. « C'est le temps de préparer le chemin dans le désert, c'est le temps de se séparer de tous les autres hommes et non d'attendre qu'ils détournent leur chemin de toute perversité », disaient-ils à contempler sans cesse le Jugement. Un chemin dans le désert puisque, n'est-ce pas, il est aisé d'aimer l'éternité après avoir pu s'enflammer en des désirs périssables. Peut-on échapper au tourment de la soif dès lors qu'on a aperçu son jumeau céleste et qu'on a reçu son signe de loin ? Habiter le silence, sortir de la ville si proche et cariée, et donc, devant les tombeaux des saints (spectacle rapporté par Jérôme), « hurler comme des loups, aboyer comme des chiens, gronder comme des lions, siffler comme des serpents, mugir comme des taureaux, tandis que des hommes touchent derrière leur dos la terre du sommet de leur crâne, et que des femmes se pendent par les pieds sans que leur robe retombe sur leur visage ».

À tous, le désert que surplombe la porte de Sion a appris que nous resterons le cœur gros de désir et oppressé d'une vie bancale. Les prophètes n'ont pas eu la jouissance de prédire sans devoir en assumer la suite de souffrances et de faux crimes. Les adorateurs de la Croix n'ont jamais été rejoints par l'Ouest, et Jean de Münster a été supplicié à mort pour avoir rêvé à voix haute de la Nouvelle Jérusalem, pour avoir voulu incarner dans sa ville la dangereuse alchimie du verbe et du sexe.

La présence divine, la *Shekhina* de la tradition juive, est partie à l'Occident et il faut être dans le désert, celui de Judée par exemple, pour vérifier que la nuit monte depuis l'Orient, ourle de violet le ciel et noie les murailles d'une ville qui s'est interdit de dire : « Ô étoiles du soir, je désire vos faveurs. » Aujourd'hui encore, les disciples hassidiques de Nakhman de Brastlav partent dans le désert et crient leur âme, dans l'attente d'une libération dénouée par ce grand hurlement, mais ils savent à l'intime d'eux-mêmes que ce monde existe parce que son créateur omniprésent s'est retiré — rétréci, dit-on en hébreu — pour lui laisser une place incertaine qui sent l'algue et le sperme comme un nouveau-né. Massada, Bethar, les fortins de la résistance juive aux Romains, se perdent dans les sables : pour les Arabes, Bethar s'appelle Khirbet el-Yahoud, les Ruines du judaïsme. Sur le mont Sion, la tombe de David garde le privilège d'attirer des familles juives comme arabes, tapis roulé sous le bras pour la prière et pour le repos, vêtements de fête et regards graves. Lors de la grande sécheresse de 1845, les musulmans avaient demandé aux rabbins de la cité d'intercéder pour tous les agriculteurs, et les sages vinrent prier sur le tombeau du moins sage et du plus inspiré des rois d'Israël. Un demi-siècle plus tard, la forteresse teutonne qu'est l'église de la Dormition jetait ses ombres trop solennelles sur la montagne inspirée. Et quand la nuit grandit au-dessus des remparts devenus une des promenades galantes de Jérusalem, cette envie d'interroger comme le prophète : « Guetteur, que vient de la nuit, guetteur, que vient de la nuit ? — Vient le matin, vient la nuit, si vous demandez demandez, refaites le même chemin, revenez... »

À cette porte se tient le malentendu de la Bible saisie par la politique. Dans la robustesse de l'État et de ses quartiers réservés s'oublie la quête poignante des dix tribus perdues, que les rabbins du temps passé recherchèrent jusqu'en Amérique du Sud. Du mont Sion, on dévale sur le sionisme moderne : le quartier Yemin Moshé, les premières maisons juives construites en dehors de l'enceinte de la Vieille Ville. Pour donner du travail aux pauvres fous de Dieu qui fatiguaient leurs yeux sur le Livre, le philanthrope sioniste Moses Montefiore y fit construire un moulin. Mais voici bien longtemps que, de ses ailes immobiles, le moulin « s'est mis à moudre le vide », comme l'écrivait Samuel Joseph Agnon, et le rêve sioniste du travail physique rédempteur a reculé devant la paperasse et la tentation de l'image. Aux familles sépharades qui grelottaient en hiver et étouffaient dans le *khamsin* d'été ont succédé à Yemin Moshé les peintres juifs, peu intimidés par le tabou de la représentation, par la lumière blanche qui aplatit les perspectives, et par l'air tocard de leurs galeries. Et puis Jérusalem entasse les papiers, les grimoires, les manuscrits de la mer Morte. Un autre sioniste, le premier chef d'État d'Israël Yitzhak Ben Zvi, avait compris qu'ici le parchemin pèse plus lourd que le grain : sous les arbres de Rehavia, dans les caves de l'incroyable *datcha* qu'il fit construire par nostalgie, se cache aujourd'hui sa collection de rares documents. L'amour du texte a conservé ce livre de prières des juifs du Cochin, d'un bleu élyséen, ou encore les volutes tourmentées des lettres du mystérieux Shabtai Tsevi, le faux messie qui mit le monde juif en émoi au XVIIᵉ siècle... Plus prosaïque, le papier règne dans les bateaux ivres de l'administration, dans les couloirs glacés du Grand Rabbinat, dans ces bâtiments trop grands qui flottent sur le corps d'un État chétif. Lorsqu'il fit construire l'immense hôpital Hadassah à Ein Karem, loin dans les collines, David Ben Gourion pensait que la cité parviendrait très vite jusqu'à ces confins, et c'est toujours cette emphase du projet national, ces fanfares dérisoires destinées à couvrir le silence du désert. Bureaucrates au fort accent roumain, vous attendez devant des bureaux chargés de verres de thé, dans le maquis des formulaires et des dossiers réglementaires, vous attendez le retour classifié des dix tribus perdues et c'est pour combler le vide de l'exil que, monstrueuse machine absorbée dans sa digestion papivore, l'Agence juive tient des congrès en des salles endormies et accumule les brochures contant en vingt langues l'échec du rêve sioniste. Dans le quartier Mamila, entre Jaffa et la porte de Sion,

les promoteurs s'apprêtent à raser la maison
où Theodor Herzl, le père du nationalisme juif
moderne, passa son unique nuit hiérosolymi-
taine. Et d'ingénieux savants, au hasard des
colloques internationaux, interrogent ce
besoin de Jérusalem qui s'éveilla en Freud, en
Kafka, en Walter Benjamin, au crépuscule de
leur vie, et qui resta une chimère de loin.

Sur l'autre versant dominant la vallée du
Kidron s'étagent les pierres les plus contro-
versées de cette terre controversée : la cité de
David. Ici le roi s'établit pour répondre à une
hantise vieille comme le peuple juif : réuni-
fier Juda à Israël, dépasser dans l'harmonie
d'une ville les stigmates de l'exil. Depuis plus
d'un siècle, les archéologues fouillent ce
coteau avec passion : voici la cité primordiale,
ramassée à bas niveau, agrippée à la terre, dési-
gnée cent soixante fois dans le texte biblique
sous le nom de Sion. De la forteresse de
l'Ophel aux tombeaux de la Maison de David,
ce brouillon de Jérusalem avait son enceinte,
et ses portes ; elles s'appellent porte du Cheval, porte de l'Eau, porte du Fumier, porte
du Coin, porte du Poisson, porte de la Bre-

bis, dénominations d'une humanité commen-
çante, encore obsédée par la nature et par les
rites animistes, par le cycle de la bouffe et de
la mort. Mais derrière ses portes naît aussi la
nécessaire et ruineuse royauté, l'expérience du
pouvoir terrestre que seuls les cris des prophètes, venus des villages périphériques, sauront
modérer. Aujourd'hui ce cataclysme pierreux
s'ordonne, et beaucoup d'amateurs bénévo-
les viennent suer à grosses gouttes pour gratter une terre enrichie du fumier de l'histoire.
Les juifs orthodoxes, eux, ont tout fait pour
empêcher les fouilles : manifestations, mena-
ces, jeûnes collectifs... La police a même arrêté
un de leurs chefs qui, dans sa demeure de Mea
Shearim, préparait quelque horrible vengeance contre les archéologues de l'Université
hébraïque grâce aux forces secrètes et redou-
tables de la Kabbale pratique. Pour eux, les
chercheurs désacralisent des tombes vénérables ; mais leur terreur a des mobiles plus pro-
fonds : il ne faut pas que le froid de la
certitude scientifique s'abatte sur les desseins
mystérieux qui ont fixé à Jérusalem le rendez-
vous avec le Messie. De nouveau le paradoxe

de ce dessein national : à l'heure où l'on découvre dans la cité de David les sceaux d'un scribe dont le nom apparaît dans Jérémie, où se renoue donc le fil d'un passé controversé qui pourrait donner son aval au projet sioniste, des juifs gémissent et prennent le deuil devant le sacrilège... et rejoignent ainsi les protestations des États arabes qui, par motions de l'Unesco interposées, ont voué aux gémonies la recherche archéologique israélienne.

En cette vallée s'étalaient jadis les jardins du roi, où l'on cultivait les plantes aromatiques destinées au service divin. « C'est arrivé un jour à Jérusalem, dans un jardin de roses », raconte Rabbi Youdah dans la *Mishna*. Lilas et roses et romarin face au miroitement dur du désert : le choix du vert se retrouve tout au long des quartiers de la Jérusalem moderne. À Talbiyeh, les engoulevents hantent tous les eucalyptus, ondulent dans le vent et jettent leur cri pour attraper l'âme des morts. Notre souci de réunion et d'harmonie, dans les rues ombreuses d'Emek Refaïm, sous les arbres plantés par des colons chrétiens venus de Prusse. Notre souci de paix, dans les reflets sombres de l'immense piscine de Refaïm où les jeunes filles-lianes viennent mirer leur peau ambrée des souvenirs d'Éthiopie, d'Inde, ou du Maghreb. Notre souci de sagesse, face à la bâtisse austère du Gymnasium de Rehavia, creuset des éclairés. Les arbres s'ébrouent, dans le vent du désert éprouvent leur fragilité. Souvent, aux soirs de vent d'ouest, l'arôme douceâtre du pain qui cuit emplit la ville ; la boulangerie industrielle, perdue dans une zone de hangars, s'appelle Angel : la pâte fait l'ange.

Palpable, délimité, c'est ici le quartier réservé de la nostalgie. Bribes d'Europe, souvenirs des mille refus qui, culminant en absolue barbarie, ont poussé les multiples exils à venir se réfugier en la cité : dans Varsovie en flammes se descendait une « rue de Jérusalem », attestée dans un des récits, lucides jusqu'à l'amer, d'Adolf Rudnicki. À Jérusalem-Ouest, Jérusalem du couchant, j'ai rencontré une vieille dame asthmatique qui jadis enseigna l'hébreu à Franz Kafka ; un appartement sombre, habité par le souffle rauque d'une ancienne radieuse jeune fille, arrivée un jour à Prague comme un bel oiseau de Palestine, et qui fit ânonner l'*aleph-beth* à un Kafka déclinant dans sa chambrette. La mère, à temps inattendus, entrouvrait la porte sur ce roucoulement magique et studieux, sur les deux têtes penchées au-dessus du seul livre que l'ingénue avait emmené avec elle et dans lequel elle apprenait la langue des pères au malade brûlant de l'amour de Sion : *Shkhol vekishalon*, témoignage désespéré d'un pionnier sioniste brisé par cette terre trop désirée. J'ai, une autre fois, arpenté la ruelle Khatsor non loin du marché, serpentant entre des murs de tôle grise qui avaient les reflets de la Volga ; au marché du camp de Juda — poules vivantes et carpes et cumin et olives confites —, dont toutes les issues donnent sur l'occident pour tourner le dos au désert affameur, j'ai vu les rescapés de Pologne rechercher une viande dix fois purifiée, steaks de Loi, tandis que des filles perdues du Maroc se donnaient furtivement à des hâbleurs silencieux dans des coursives encombrées d'odeurs de menthe.

Toute cette ville qui regarde le soleil décliner capte l'entière expérience du monde. Face à la Knesset, des maisons dans les pins sont Provence, des allées abruptes sont Beyrouth, des courettes sont Lodz. Ce résumé est trop ambitieux, trop pétri par le hasard pour ne pas paralyser savoir et lyrisme. Des groupes silencieux y étudient la Kabbale, les trente-deux voix merveilleuses par lesquelles le monde fut créé, alors que le bric-à-brac historique qu'est cette ville les met en garde, les invite à vivre cette beauté fortuite et à assouvir là même leur besoin de secrets. Peuple trop ancien, inventeur du temps que le temps a rattrapé et plongé dans ses plus âpres contingences : jamais un peuple n'a eu moins besoin d'État, et jamais l'État ne s'est fait aussi nécessaire, incontournable, prostitué à l'Amérique, dernière terre trouvée, incapable de se ménager des aires de déviance et de kiosques à musique et de sorbets.

Un juif est un être sans forme, disait Otto Weininger ; sans forme, sans frontière, laissé en pointillé, mais pas confus, pas confus, doué d'entêtement à ne pas entrer dans le cercle, toujours prêt à lancer un appel à l'aide à toutes les femmes qui te hantent, un appel à l'aine, je ne vais pas mourir cent fois martelé sur la *derbouka* ou le *tabla*. Le carcan de la nation l'empêche de jouer son rôle, de se donner en spectacle, de passer en caravane bariolée pour donner du rêve aux enfants sur le pas des portes. Le péché de s'arrêter, de laisser tomber ses brodequins et de vouloir stupidement « jouir de la vue », de s'implanter. Je ne m'implanterai jamais en toi, je mimerai le coït cosmique du Yin et du Yang, du Levant et du Couchant, du cru et du cuit, de tout ce que tu voudras pourvu que j'aie ta bouche et qu'elle soupire dans ma bouche les révélations épuisées et les révélations exaltées de l'amour.

Face à cette porte s'était ouvert un café à ciel ouvert, unique en la ville trop familiale. Ici au moins nous pouvions venir nous donner en spectacle, nous mirer dans les glaces ternies de ses murs, siroter un idéal narguilé. Else, la poétesse berlinoise, se faisait offrir des verres par l'ange Gabriel, mais oui, assis à sa table avec ses ailes sagement pliées ; un barde arabe aveugle avenant exposait les éternelles rêveries de sa vision allah-houwak'baresque aux habitués. Nous n'avions que dédain pour les salons de thé faussement canailles où des esprits boiteux allongeaient la jambe sur des chaises bancales, où les modes accusaient à coup sûr une décennie de retard sur les engouements européens. Notre cénacle ne demandait aucune patte blanche, seulement l'envie de s'écouter par-dessus de vieilles rumbas sorties de haut-parleurs enfoncés, par-dessus les joies homériques de Louis Prima — « *Ecco la primavera* », disions-nous. Les femmes nous voulaient vibrants la main sur le cœur : « J'ai aimé ta ferveur lorsque je l'ai croisée l'autre soir, confiaient-elles souvent aux élus ; puisse-t-elle renaître bientôt tout à fait libre ; mais sache que tu en es seul comptable, et que je ne pourrais t'être d'aucune aide. » Ce jeu trop décapant, et les protestations d'une école judéo-américaine locale, finirent par avoir raison des clients les plus fidèles, et les glaces du café se turent à jamais.

Comment se peut-il qu'apprendre soit devenu, par le caprice du siècle, chercher des certitudes ? Les cercles concentriques d'écoles religieuses qui entourent le noyau vibrant de

la ville résonnent de bons conseils, de mur-
mures dociles, d'acquiescements à la Loi. Les
hantent de jeunes barbus qui ont connu les
prisons israéliennes, ou qui ont déplié leur sac
de couchage à Bali, des jeunes qui ont sucé
jusqu'à l'os la civilisation du Couchant et qui
s'en reviennent, maladroits et catégoriques,
vers l'enseignement approximatif de maîtres-
gourous. Dans une *yeshiva* édifiée aux confins
de la cité grâce à des dons en dollars, le
directeur-rabbin mouchait un jour son nez
rougi par l'hiver de Jérusalem au-dessus d'une
barbe de maïs ; le réfectoire, les manteaux
mouillés des studieux émettaient les odeurs
obsolètes de la contrainte. J'étais venu trouver ici l'arrière-petit-fils de Lev Davidovitch
Bronstein, la semence de la semence du père
de l'Armée Rouge, dont la présence incongrue
(vraiment incongrue, dans cette famille de virtuoses du *pilpoul* matérialiste) intriguait toute
la presse internationale. Après avoir rusé avec
les professeurs, qui reniflaient un espion sta-
liniste dans chaque étranger, l'illustre apprenti
en religion me fut approchable : mais ce passé
trop proche le laissait de pierre, quand il

s'enflammait à évoquer l'ombre des patriarches à Hébron. La poursuite hardie d'un universel respect de l'autre, tentée par son aïeul, ne signifiait rien pour lui, et surtout rien de juif : il était en fait devenu ce que les grands mystiques de l'islam tournent en dérision, un « amateur de rites ».

Tous les habitants de cette ville sont irritants, à prétendre ainsi à l'exaltation privée et raisonnable, à vivre les jours entre l'extase et le conformisme, à gratter le ciel, comme le rocher nu des collines, avec sa blancheur, part à l'assaut de l'azur. Il y a en eux des travers plus saisissants encore que les habituelles nuisances métropolitaines : les juifs qui annoncent l'arrivée du Shabbat en actionnant la sirène municipale — comme si le repos, le plaisir de ce jour séparé voulaient qu'on se précipite aux abris —, les musulmans qui augmentent la puissance de leurs muezzins-haut-parleurs en signe de protestation nationaliste, les chrétiens qui canalisent leurs haines intestines en séparant chaque secte, dans le Saint Sépulcre des grandes occasions, par des barrières de police. Chacun, la face nue telle une plaie, sait au moins que toute sa vie, dans ces murs vieux de l'histoire du monde, il poursuivra la réalisation de son être, et cette sagesse urbaine fait oublier les médisances, les fausses passions, les élans brisés qui sont le lot quotidien de tous. Le murmure de la Vieille Ville, lui, ne fait pas de quartier. Les deux cloches fêlées de la petite chapelle syriaque — d'où l'encens se répand impertinemment dans le quartier juif limitrophe aux jours de Pâques — rencontrent chaque soir l'appel de la mosquée El-Khanqa, reconnaissable entre tous parce que sur la bande magnétique le muezzin toussote avant d'entamer son dialogue avec le ciel, tandis que des fenêtres ouvertes de la synagogue Beth-El s'échappe la prière du soir. Polyphonie de la foi qui crée un instant l'espace de cette Jérusalem dont chacun rêve, détachée de ses pierres et de ses dix-sept sièges sanglants qui l'ont endurcie.

Dans cette ville occidentale se trouvent bien sûr des Justes. Savent que l'exil se poursuit dans le retour et qu'il ne faut pas prendre peur, qu'il faut toujours enrichir cette maquette de l'univers où chaque ancien exilé vient apporter son morceau de défaite et de connaissance. Préparent la réunion du peuple du Livre au monde, comme si les pulsions les plus refoulées se donnaient à connaître non dans l'analyse et la thérapie mais dans la fécondation des sciences et des arts, comme si le vacarme de la tour de Babel se faisait harmonieux car chacun dirait en sa langue la rencontre de l'Un, comme si les hommes de lumière abordaient sans crainte au continent noir des femmes — ta chevelure, toi partie tout à l'heure sans te retourner. L'un de ces Justes habitait une ruelle ombreuse. J'allai le voir un jour, parce qu'il avait écrit : « Assurément, l'histoire peut être une illusion, mais sans cette illusion il est impossible de comprendre l'être dans sa dimension temporelle. Pour les hommes d'aujourd'hui, cette totalité mystique du système peut surtout être perçue selon les normes acceptées du commentaire, bien que sa projection dans l'histoire la fasse aussitôt disparaître. Mon travail vit, aujourd'hui comme au premier jour, dans ce paradoxe, dans l'espoir que parvienne jusqu'à moi la communication juste de la montagne, que se produise la plus imperceptible fluctuation de l'histoire laissant poindre la vérité à partir de l'illusion de l'*évolution*. » Lorsque j'arrivai au rendez-vous, par un matin clair et froid, j'appris que Gershom Scholem venait de mourir. Plus tard, dans la bibliothèque de cet homme qui avait appris qu'on pouvait donner une histoire au mythe sans perdre le mythe et sans se perdre dans l'histoire, j'aperçus le *Dictionnaire des anges*.

Porte de Damas

La foule se presse hors de l'esplanade des mosquées. Les ruelles étroites de la Vieille Ville sont prises d'une marée de voiles, de chèches, d'habits sombres. Elle ne marche pas, elle est portée par cette humanité ayant hâte de fuir la prière pour les odeurs de *knafé*, les verres fumants de *sahleb*, Oum Kalthoum en stéréophonie. Elle est pressée par des hommes qui crient silencieusement, un paysan de Ramallah, un bourgeois jordanien, un jeune dédaigneux. Les soufis qui descendaient hier dans de modestes relais de pèlerins ont oublié les paroles d'amour ; barbus et calottés de blanc, ils se reconnaissent au-dessus des têtes, se jettent les regards de la confrérie, ils sont frères en islam et leur compagnonnage est celui de l'intransigeance et s'ils savaient qu'elle, protégée par une robe d'été, porte le nom d'une fille de Jacob et d'Israël, ils la haïraient pour sûr. On dévale lentement pour quitter l'enceinte des vieux murs, on monte une à une des marches rabotées, on s'écarte pour laisser passer un flipper introduit illicitement en charrette à bras, on passe entre les murailles de musique édifiées par cent vendeurs de cassettes, dans cette rue qui s'appelait jadis rue des Espagnols, qui fut jadis le quartier des juifs parqués ici par Saladin, et qui est désormais le dernier bastion musulman de la nouvelle Jérusalem. Elle arrive à la porte de Damas, avec ses cousins hostiles, elle nue sous une robe d'été, elle désireuse de vie et de parfums, elle cherche en vain des regards sous les fichus de strictes musulmanes, elle se souvient d'une histoire entendue dans l'arrière-salle d'un café arabe : un homme flâne en ville, il aperçoit son épouse engagée dans l'escalier d'une maison étrangère, l'intrigue amoureuse est dans l'air ; et l'homme s'exclame, torturé par la méfiance et le sens insensé du devoir : « Si tu montes, tu es répudiée, si tu descends tu es répudiée, si tu t'arrêtes tu es répudiée. » Oui, elle se voit comme la compagne infidèle de ce peuple, elle qui a connu d'autres horizons, qui n'est pas toujours restée à Jérusalem, qui vit dans l'attente au lieu de s'abandonner à la chaleur de la possession. Elle entre sous la voûte du passage, elle est dans cette porte qui est une borne, Bab el-Ammoud, la porte du pilier à partir duquel Hadrien retraça le plan de la ville ruinée par ses soldats, le pilier originel qui concentre toutes les divisions, tous les souvenirs de l'échec, la pierre de touche du rêve de réconciliation autoritaire, dédiée à Soliman le Magnifique, « Sultan des étrangers, des Arabes et des Perses ». C'est la seule porte qui n'a pas varié depuis l'Antiquité, qui conserve la même place dans le pourtour, la borne frontière marquant la césure entre deux peuples apparentés et méfiants. Lettre de Soliman à François Iᵉʳ : « Moi qui suis le Sultan des Sultans, le Souverain des Souverains, le Distributeur des Couronnes aux Monarques du Globe, l'Ombre de Dieu sur la Terre, le Sultan et le Padichah de la mer Blanche, de la mer Noire, de la Roumélie, de l'Anatolie, de la Carama-

nie, du pays de Roum, de Zulcadir, du Diar-
bekr, du Kurdistan, de l'Azerbaïdjan, de la
Perse, de Damas, d'Alep, du Caire, de La
Mecque, de Médine, de Jérusalem, de toute
l'Arabie, du Yémen »...

De Jérusalem et de toute l'Arabie.

Aux soirs du Ramadan, les filles viennent
écouter quelques timides galanteries sur les
gradins qui descendent vers la porte. Des
pétards sautent, substitut dérisoire aux armes
confisquées. Pour dire leur haine et leur refus,
les garçons qui errent en groupes refont un
geste primordial, biblique : la pierre vite
ramassée part d'une rapide courbure de leur
bras, la lapidation est la plus vieille manière
de tuer, les soldats se protègent puis chargent,
ce jeu cruel où le sang jaillit soudain d'une
tempe et qui n'est autre qu'une fruste traque
de l'autre, un appel poignant au respect de
l'autre. Dans un troquet devant le vieil hôpital juif Misgav Ladakh, les reporters attendent
le ballet des pierres et des matraques, sous les
arcades menant vers le passage du Majdlis ou
vers le Mur occidental des gardes-frontières
druzes au visage cuivré attendent, dans les

venelles sèches des enfants révoltés attendent,
laisse-moi voir comment se présente le printemps et embrasse-moi, quel vacarme font
deux hommes se poursuivant pour se tuer s'ils
comprenaient qu'ils ne font que vivre dans la
pierre pour la pierre par la pierre alors ils
s'arrêteraient, autrement dit je t'aime.

La grande école fondée par l'émir Tankaz
el-Nassiri et qui domine le Mur occidental sert
de poste d'observation à l'armée. D'antiques
maisons juives situées dans l'actuel quartier
arabe sont le prétexte à d'obscures rivalités,
des *mezouzot* vénérables se voient sur leurs
linteaux et c'est au nom d'une continuité sans
appel que des militants venus de Chicago
échangent des regards venimeux avec les voisins. Dans une de ces bâtisses à moitié écrou-
lées, à la cour intérieure saccagée, une *yeshiva*
prépare ses élèves au service du Troisième
Temple, lorsque les *cohanim* exécuteront à
nouveau les gestes du sacrifice, mais ces barbus noués dans leur foi ne peuvent apprendre la majesté et n'auront jamais un front
rayonnant. La rivalité frappe à toutes les portes, comme l'Ange de la mort, rien d'autre

ne s'enseigne qu'une attente exaspérée. Il y a des tunnels dans les caves, il y a des passages qui serpentent vers le mont du Temple, qui le trouent comme un gruyère sacré, qui font rêver ces excessifs à une intrusion dans l'enceinte dangereuse et à un rétablissement du Temple par la coercition. La nuit se rassemblent des groupes lancinants qui préparent leur surgissement sur l'esplanade des mosquées, et qui croient que cette performance militaire pourrait précipiter la rédemption. Les autorités musulmanes protègent jalousement le *Haram*, doublent les gardes, et de cette double crispation naît le cauchemar musulman que viendra un jour où « ils » prendront les mosquées, les détruiront, que le siège de la montée au ciel de Mahomet sera perdu à jamais, qu'une nuit les signes de l'islam triomphant sur le Mont sacré seront dérobés. Tous vivent et dorment dans la prescience d'une Apocalypse, parce que tous veulent ardemment combler le vide du Temple, comme si l'enseignement de ce vide n'était pas le plus exaltant du monde, comme si ce vide n'indiquait pas qu'on ne comble aucun désir et que c'est bien ainsi. Les antiques synagogues du quartier juif sont tournées vers le Saint des Saints disparu, mais les rabbins n'ont plus la force d'expliquer le mystère du territoire sacré, son interdiction est pourtant le rappel cuisant de notre impureté et pourquoi ne pas vivre devant cette preuve de notre imperfection, devant ce manque ?

La porte laisse passer les obsédés de la profanation. En hébreu, *khiloul* veut dire à la fois profaner et jouer de la flûte, et c'est pourquoi ils sont aussi torturés par le silence, un silence intérieur grandi dans la déception continue de l'Autre. Elle a entendu des savants reprendre les mesures données par les prophètes, retracer en l'air la courbe ineffable du Temple à partir de la Pierre de fondation du monde, et déduire de leurs calculs que toute la montagne n'est pas interdite, que le Saint des Saints se trouvait en fait au site de l'actuelle Fontaine des Âmes et non sous la grande coupole du Dôme au Rocher. Elle a vu des hommes portant sur eux tous les signes extérieurs de la piété se gausser d'un vieux prieur yéménite qui, drapé d'un *talit* brodé d'argent, bénissait les passants. Elle a suivi de graves jeunes gens prêts à mourir et à tuer pour l'idée nationale, devenue le réceptacle de toutes les puretés. Elle a écouté le silence de ces quartiers confessionnels qui, sans barrières ni chevaux de frise, ont su se construire comme des citadelles assiégées. Elle a vu de gras boutiquiers, avenants avec les touristes, fermer leurs visages devant leurs voisins autres comme ils ferment leurs devantures au passage des organisateurs de multiples grèves. Elle a maudit des soldats qui ne voulaient pas voir la détresse dans les yeux des femmes dont les fils partaient en prison. Elle a demandé des histoires à de vieux fous de Dieu qui, chapelet à la main ou caresseurs de textes araméens, avaient la dignité de se lancer seuls à la poursuite de Jérusalem ; elle a reçu un poème de l'Arabe Al-Moutanabbi Al-Maari cité avec amour par un vieux juif :

Il est un mensonge qui nous divise.
Celui qui appelle le nouveau-né un vivant,
Il ment.
Et celui qui l'appelle un mort,
Il possède la vérité.

Elle est entrée dans une cour sombre où l'on célébrait un mariage et où une femme, habitée d'une radieuse impudence, dansait seule avec des hommes. Elle a relevé sa jupe sur la main d'un inconnu qui, effrayé, est resté coi, tandis qu'un vieux luthier aveugle essayait patiemment le *'ud* qu'il restaurait. Elle a regardé un cortège de fillettes en tablier bleu quitter l'école et descendre en bavardant la rue Salah-eddin, résumé de l'univers arabe puisque certaines se cachaient sous leurs fichus quand d'autres calmaient le feu de leurs yeux par de grands éclats de rire. Elle a écouté le silence pesant du quartier juif, admiré des enfançons qui, main dans la main, allaient porter de menus vœux dans les failles du Mur des Pleurs. Elle a attendu, sur une terrasse dominant les demeures arméniennes, que le soleil monte et dissipe les lambeaux de rose traînant sur la roche ; un verre d'anis pâle dans la paume, elle s'est bercée des soixante-dix langues appelant d'en bas la Présence, elle a humé l'encens échappé du couvent Saint-Marc. Elle a voulu pécher, ajouter sa chair au multiple parce que le multiple est Un. Elle a voulu chanter le Nom, dans cet étrange livre de prières de Rabbi Shalom Sha'arbi imprimé ici en 1916 où les lettres de l'indicible sont notées comme sur une partition. Elle a arrêté son ami sous les arches brisées de la grande synagogue Hourva, et, devant des familles confites de respectabilité, lui a demandé de mordre sa bouche.

Elle s'est rappelé Shoshi, la jeune femme qui traverse un roman du hiérosolymitain David Shahar — un des rares à avoir écrit Jérusalem avec sa courbe de chair, sans doute parce que les engoulevents chantaient toujours devant sa table de travail. Regardant un ultra-religieux s'agiter dans la prière au Mur occidental et se hâter « non seulement pour rattraper son voisin mais pour le vaincre et être le premier à percer une faille dans les oreilles bouchées du Mur », la doucette s'indigne : « Cela ne te servira à rien ! Plus tu crieras, plus tu gémiras, plus tu te démèneras et plus ils fermeront devant toi les portes du Paradis et pousseront le verrou. Et plus tu maltraiteras ces beaux textes, plus vite je t'enverrai au diable ! » Moi aussi j'ai perdu le goût de l'oraison collective, à cause de ces virtuoses de la foi, je ne veux pas faire la course vers le ciel, le cercle de nos pères me rebute lorsqu'il se veut conquérant. Seulement, tandis que le jour du Grand Pardon déclinait et que le soleil dardait son bronze contre le Mur — je m'étais placé en sa direction, mais loin, en retrait sur une terrasse d'où il m'apparaissait entre la lessive flottant au vent d'une famille arabe —, j'ai chanté l'air de la délivrance, frissonnant de ma solitude, et j'ai passionnément écouté — à la fenêtre de la cuisine deux filles espiègles s'étaient hissées pour espionner ce juif curieusement séduisant — la voix primordiale du *shofar*, corne de bélier pareille au saxophone de John Coltrane où peuvent s'énoncer tous les sons discernables, toutes les voies de la Création.

Des fidèles en noir ont quitté la place trop grande qu'on a taillée dans les demeures après 1967, quand les juifs ont retrouvé le Mur dont on les avaient cyniquement privés. En groupes fébriles ils remontent vers la porte de Damas, ils marchent vite, les bras collés au corps et le regard inquiet fixé au sol. Tous les

professionnels de l'extase religieuse ont cette
même démarche, petits séminaristes du
Patriarcat arménien ou Frères musulmans.
Mais eux, sanglés dans l'uniforme du ghetto
qu'ils n'ont jamais quitté, sont aussi aiguil-
lonnés par la peur et non seulement par
l'urgence de leur dialogue avec le divin. Oui,
ils ont peur de cette ville qui pourrait, à un
coin de rue, se révéler hétaïre et briser ainsi
la stricte ordonnance de leurs certitudes. Ils
retournent vers leur refuge aux Cent Portes,
Mea Shearim, où l'une de leurs synagogues
austères recèle la chaise du grand *hassid* Nakhman de Brastlav. Ils craignent Jérusalem
comme Nakhman l'a redoutée, au point
d'entreprendre un périlleux voyage vers elle
et de ne jamais consentir à y entrer ! Après
avoir quitté Medvedevka le 4 mai 1798 pour
Odessa, Istanbul et une terrible traversée, le
Juste arriva à Haifa, où un jeune et mystérieux
Arabe le rencontra et s'attacha à lui après
l'avoir défié en duel. Nakhman le chaste fut
si troublé par cette rencontre qu'il « souffrit
plus de l'amour de cet Ismaélite que de sa
haine ». Et le voyage vers Jérusalem fut

écourté, et ce pieux d'entre les pieux ne se sentit pas le courage d'arriver jusqu'aux collines de Sion... Dans cette étrange affection venue d'un autre trop proche et trop différent, dans cette intimité coupable et sans issue, la division qui vibre en Jérusalem s'était déjà donnée à voir.

Passe de quartier en quartier, tu n'éprouves même pas l'esthétique du plan brisé, de l'espace-mosaïque — le Carpaccio à Venise. Non, c'est inharmonieux comme le péché originel, retour incessant du moment où la fratrie se brise, cauchemar primordial. Les peuples de l'Orient moyen vivent dans l'ombre de cette histoire, de mythes trop vieux, d'une intelligence excessive du passé de l'autre. La nostalgie répond à une si grande amertume, elle illumine les heures écoulées de concert, elle nourrit les serments de reconnaissance. Dix mille contes font des embellies dans le ciel partagé de Jérusalem, j'aime celui de David Khalio, un cordonnier juif qui travaillait jadis, « au temps des Turcs », dans la rue conduisant au Mur ; et lorsque le gouverneur ottoman se rendait en magnifique cor-

tège pour aller prier le *Al Fit'r* ou le *Al Ad'ha*
sous la croupe d'argent de la mosquée à la
jument, il faisait arrêter sa fanfare devant la
pauvre échoppe, et servait à David le cordonnier les plus solennelles marches militaires
pour le remercier de faire de si belles bottes...

Le travail ne fait plus l'échange. Le neuf se
détourne du vieux, le détruit en pacotille.
Tout paraît en miettes, les portes n'invitent
à aucune entrée puisqu'elles béent sur du vide
ou de l'indifférence. Mais le génie têtu qui
habite les peuples d'ici veut poursuivre son
travail d'exigence et de mise en jeu ; si les ren-
contres ne se font plus officielles — bottes et
fanfares, moustaches du Kaiser à la porte de
Jaffa, humble échange des artisans émus des
conseils de leurs rabbins ou de leurs
cheikhs —, si le conseil municipal reste sans
musulmans après avoir été mené à la crava-
che par des familles palestiniennes rivales et
ambitieuses, les juifs et les Arabes se croisent
dans les nuits interlopes de la porte de Damas
où s'échange le haschich, dans les boîtes de
nuit fanées où l'on joue à imiter la décadence
de Beyrouth ou le gros luxe du Caire, dans

les réseaux de mauvais garçons où l'accent sompteux des Hébreux sépharades fait croire à leurs partenaires arabes qu'ils sont en train de parler leur langue. Ce que refusent les édiles et les politiques, les maquereaux et les flambeurs y consentent.

Ce travail de la nuit sur Jérusalem ne suffit pas à atténuer le fracas de l'injustice. Aux doux regrets de la connivence intercommunautaire répond une autre voix intérieure, qui mâche les humiliations subies et les inextinguibles rancœurs. Les juifs se souviennent qu'au temps du pouvoir arabe la fréquentation du Mur occidental leur avait été sévèrement réglementée, que selon la « vieille coutume » (*al wajh al qadim*) ils ne devaient pas y élever la voix et s'y abstenir de toute proclamation, qu'un univers hostile entoure ce pays si petit que, quand bien même des dirigeants excessifs le baptisent « Grand Israël », il reste un mouchoir de poche, que le nationalisme arabe s'est polarisé sur la « reconquête » de Jérusalem sous le seul empire de la colère. Et les Palestiniens de la cité sainte, villageois de Shoueifat ou de Silwan, paysannes de Hébron venues vendre leur raisin, bourgeois aisés de Salah-eddin sirotant des cafés dans les arrière-boutiques, scouts musulmans défilant d'un pas martial, prédicateurs infatigables hantant les bistrots de la Vieille Ville, peuple divers qu'une hostilité diffuse, d'autant plus profonde qu'elle est inexprimable, mine au plus profond. Écoles fermées par l'armée parce que les élèves lapidaient des voitures. Jardin ombragé, où, devant un plateau de *mensaf*, de jeunes pères de famille confient à l'ami leur haine absolue de la Jordanie. Silhouettes douloureuses de femmes de prisonniers politiques venues manifester devant la Croix-Rouge. Fumeries tranquilles d'un soir, où la conversation se porte soudain sur la mort attendue des juifs. Peuple cristallisé dans le martyrologe, arrêté sur la margelle du puits de souffrance parce que l'Occident en a voulu ainsi, peuple d'anciens Hébreux rétifs à la Loi et qui ont perpétué l'attachement à Jérusalem non comme un élan dangereux et total, mais comme une passion de terroir. Peuple aux traits bibliques qui fait face au peuple de la Bible. Il pressent qu'à réaliser son histoire il quitterait cette image fixée en moins d'un demi-siècle, et il redoute d'abandonner cette image, d'aller vers l'autre au-delà de l'image, car alors il serait lui aussi habité de l'arbitraire divin.

Elle a vu, au petit matin, les groupes d'hommes à la tête protégée d'un chèche attendre que de petits patrons viennent les embaucher ; elle les a vus partir dans des camionnettes israéliennes, vers des chantiers de ce pays ; elle a entendu ces journaliers du travail au noir s'appeler *« al amal al abid »*, l'esclave. Elle s'est rappelé le commentaire tal-mudique : Jérusalem n'est pas une « ville-refuge », car la ville-refuge est destinée selon la Bible aux criminels fortuits, à ceux qui n'ont pas voulu tuer et qui sont cependant pour-suivis par la haine du vengeur de sang et qui doivent trouver abri sur la face du monde ; or on ne peut vivre ici en ayant tué par mégarde, en ayant fait l'injustice sans savoir. Jérusalem est « clémence et royauté » dans le registre binaire de la sagesse secrète — *Khesed* et *Mal-kout*, deux signes d'hébreu qui apparaissent, surprenants et vains, dans la folie consulaire au-dessous du volcan : *le gusta este jardin*, etc., etc. —, il faut pour mériter cet alliage impossible voir au travers de ses actes comme on voit dans une aube de Jérusalem où l'air se mire dans l'air. Pas une ville-refuge, une maison de verre, ce rêve de transparence au nom duquel les prolétaires de tous les pays se sont vu assener des chapes de plomb. Et si l'injustice entre à Jérusalem, si des hommes s'y appellent « esclaves » ? Alors Jérusalem n'est toujours pas ville-refuge car elle n'a pas été enregistrée ainsi au décompte des jours, et pourtant les vengeurs de sang peuvent la parcourir, et nul ne s'étonnera de voir un scribe tout vêtu de lin dresser le compte exact des morts violentes ! Elle se souvient de la vieille opposition entre Jérusalem et Babylone-Babel, entre la belle ordonnance du Temple et la confusion de l'exil ; alors Babel doit entrer à Jérusalem, non pour détruire, mais pour que l'exil enseigne la véritable harmonie — alors ce serait le message de la *Guemara*, lorsqu'il est dit : « Pourquoi les fêtes sont-elles joyeuses à Babylone ? Parce qu'elles sont celles des pauvres gens... » Alors la révolte des humbles derrière Jésus ne serait plus guettée par la haine de la connaissance.

Dans cette Babel de la foi, tous les jours sont fête et personne ne fait la fête au même moment. Selon la tradition biblique, le nom de « tour de Babel » dérive du verbe hébreu *balal*, semer la confusion ; mais la confusion des fêtes à Jérusalem n'est qu'apparente, chaque communauté suivant imperturbablement son propre calendrier grégorien, hébraïque, musulman, copte, éthiopien, et même le calendrier julien, abandonné par Grégoire XIII mais que certaines sectes chrétiennes de Jérusalem suivent encore. Novembre, c'est donc tout à la fois Kislev chez les juifs, Hedar pour les Éthiopiens, Hatour pour les coptes, Teshrin at-Tani pour les musulmans... ou presque, car chacun compte les jours suivant ses propres calculs astraux. Oui, tous les jours sont fête à Jérusalem, même s'ils ne sont pas le même jour pour tous ceux qui la peuplent. Et cette fréquence de l'extase et du recueillement dit, mieux que tous les guides, combien l'espace de la cité est tracé au cordeau capricieux de la foi. Au début de l'année, ou plutôt au début d'une année catholique-protestante, le 1er Janvier est fêté par catholiques, protestants et adeptes de la secte japonaise Makouya — qui n'existe qu'à Jérusalem, au Japon et aux États-Unis et qui professe une manière de monothéisme nippon —, il l'est aussi par les Grecs catholiques (ils y voient pour leur part la Saint-Basile). Vient ensuite le cortège de célébrations qui ne se retrouvent qu'à Jérusalem : la fête éthiopienne de Saint-Täklä Haymanot à l'église Al-Azariya, le jeûne juif du 10 du mois de Tevet commémorant le début du siège de Jérusalem qui allait conduire à la destruction du Premier Temple, la fête arménienne du saint patron de la communauté où les reliques sont promenées dans l'encens de l'office patriarcal, le Noël des Grecs orthodoxes et des Éthiopiens — ces derniers prient sur le toit de la chapelle Sainte-Hélène, une des plus belles vues de la Vieille Ville —, encore les Éthiopiens pour le Qeddase ou service eucharistique accompli au Saint Sépulcre qui est pour eux Deir es-Sultan, la fête de la naissance de Mahomet le prophète (Mawlid) particulièrement suivie dans les milieux soufis, la prière orthodoxe pour le premier martyr, saint Stéphane, dans l'église qui lui est consacrée, l'Épiphanie qui réunit au Saint Sépulcre toutes les Églises d'Orient, la fête de l'actuel patriarche grec catholique Maximos Hakim, qui réside à Damas, la commémoration du décès de la Vierge Marie à l'église éthiopienne Kidana Meheret, l'anniversaire de la dédicace du Patriarcat latin de Jérusalem, la fête du patron du monastère orthodoxe Saint-Siméon, la découverte de la tête de saint Jean-Baptiste pour les franciscains de l'église du Saint-Sauveur, les cinq entrées solennelles du patriarche latin au Saint Sépulcre, le Paregentan (Dieu vivant) arménien qui est un carnaval coloré, la fête arménienne de saint Leontius qui est le patron des clercs mariés, la Saint-Sophronius qui fut patriarche de Jérusalem au VIIe siècle, la fête juive de Pourim qui est ici célébrée un jour plus tard que partout ailleurs parce que Jérusalem est une « ville ceinte de murs », les Quatorze Jours de surveillance propres aux juifs samaritains, l'assemblée religieuse sabbatique des mormons, le dimanche des Rameaux (fêté à une semaine de distance par catholiques et orthodoxes) qui commémore l'entrée de Jésus dans Jérusalem, les Trois Jours de prière pascale à l'église luthérienne du Rédempteur, le deuil d'Omer en souvenir du rabbin Akiba qui périt durant la révolte des juifs de Jérusalem conduits par Bar Kohba, la grande bénédiction juive des *cohanim* (prêtres) au Mur des Pleurs, la procession du Vendredi saint sur la Via Dolorosa, la fête des Matsot chez les juifs karaïtes — une secte qui ne subsiste qu'ici —, les processions à Béthanie, le Dimanche saint que les Éthiopiens fêtent au son du tambour et du cistre, le Jour du souvenir de l'holocauste nazi pour les juifs, la commémoration du génocide arménien à l'église de la Rédemption du mont Sion, le Nouveau Dimanche qui marque dans l'église syriaque le souvenir du dernier souper du Christ à l'église Saint-Marc, la fête des Apôtres à l'église anglicane Saint George, l'anniversaire de la mort de la reine Alexandra à l'église russe orthodoxe dont une partie lui est dédicacée, la fête copte de Saint-Marc, la fête catholique de Saint-Isaïe à l'église dominicaine du même nom, le pèlerinage juif

à la tombe de Simon le Juste, la Nuit de
l'ascension de Mahomet au Ciel depuis la mosquée d'Al-Aqça, l'Ascension du Christ vue par
toutes les tendances chrétiennes, la fête juive
de Shavouot marquée par un pèlerinage sur
la tombe de David au mont Sion, la Pente-
côte au Cenaculum du mont Sion, la Visita-
tion célébrée dans l'église du même nom à
Ein Karem, la fête copte de la Sainte Famille,
la fête du saint franciscain Antoine de Padoue,
celle du saint orthodoxe Onofrios, le jeûne juif
du 17 Tammouz lié à la destruction des murs
de Jérusalem, la fête russe orthodoxe de la
sainte de Kazan au couvent Gorny, le Jour des
premiers pionniers mormons que ces derniers
fêtent en allant pique-niquer aux environs de
Jérusalem, le jeûne juif du 9 Ab pour la destruction du Temple (deux jours de jeûne
observés par les karaïtes), la fête orthodoxe et
syriaque de saint Élias le prophète, la Trans-
figuration au mont Thabor, le pèlerinage des
juifs hassidiques à la tombe d'Admor de Belz,
celui à la tombe du Rav Kook sur le mont des
Olives, les Funérailles orthodoxes de la Vierge
Marie à Gethsémani, la fête du saint russe

orthodoxe Poemen, la Décapitation de saint Jean-Baptiste, le jeûne de Guedalia chez les juifs, la fête du Sacrifice musulmane en souvenir du sacrifice d'Abraham sur le mont Moriah, les pèlerinages à Jérusalem lors de la fête juive des Tabernacles, la Saint-Georges arménienne et copte, la Saint-Longinus catholique (ce soldat romain qui reconnut le Sauveur au pied de la croix), la fête de la Vierge Marie reine de Terre sainte au Patriarcat latin, le Sigd des juifs falashas se rassemblant sur le mont Sion, le Mémorial pour les victimes de toutes les nations au cimetière protestant du mont Sion, la Saint Andrew des presbytériens, la fête juive de la Dédication du Temple (Hanoukah), la célébration du monastère orthodoxe de Mar Sabba.

Célébrer, concélébrer, ses lèvres les serrer. Hier nous étions esclaves en terre d'Égypte, ce soir il faudrait évoquer la joie commune de la délivrance, les herbes amères et les galettes du désert, mais elle est soudainement prise de lassitude devant cette trompeuse liberté. Au premier soir de Pâque, maintenant qu'une pluie froide fouette la ville, elle n'ira pas s'étendre sur le côté gauche et manger le mortier des pyramides et dire *daiyenou*, cela nous aurait suffi, à l'énumération de tous les prodiges divins ayant présidé à la salvation. Pas délivrée, pas sauvée car des pyramides colossales et vaines s'élèvent toujours à la gloire d'éphémères dynasties. Elle ne rentre pas au foyer, derrière la porte où le sang de l'agneau se fait propitiatoire-prophylactique — ciel, mon profil me sert de phylactères, il me lie au El sémite mieux que toutes les lanières de cuir —, elle va dans la ville vidée par les préparatifs de joie facile ; ses pas la portent vers un grand hôtel helvético-palestinien dont la piscine frissonne sous l'averse. Jambes modestement croisées dans un fauteuil bas, elle incline la fournaise de ses cheveux sur le premier verre de vin, tombe dans le regard lointain d'un désœuvré à la moustache drue. Peu importe ce qu'ils se disent — oh la sainte horreur du récit, Sésame ouvre-toi —, elle et l'Arabe dîneront de concert. Nous ne sommes pas sortis, nous ne sommes pas sortis, hurlent ses yeux au-dessus de l'assiette de pains ronds défendus qu'elle s'amuse à ne pas effleurer, pourquoi me pousses-tu sur la route d'Égypte vers mon ancien travail esclave, pourquoi veux-tu mon visage vert comme les canaux d'Ismaïlia ? Et lui, un doigt sur la moustache aimée, un sanglot dans la gorge à contempler les yeux de la femme-antilope, ne cherche qu'à retarder l'instant de sa fuite, une main saisissant le sac à main et l'autre lissant très vite la robe immatérielle, quand elle voudra retourner à son monde : pourquoi n'es-tu pas semblable à moi, puisque je te cherche pourquoi ne puis-je jamais te trouver ? Leurs regards se prennent dans tous les sens, pas question de lui donner ma bouche pas question de lui caresser le genou sous la table, raidis jusqu'à la souffrance et heureux d'être là à se dévorer des yeux, pendant que les dix plaies s'abattent sur la surface morne de la piscine. Qui ne s'ouvre pas, bien sûr, qui ne s'ouvre pas.

Entrevu sur le tourniquet de cartes postales, une mosaïque byzantine du palais de Hisham à Jéricho. Sous l'arbre de vie, bleu et doré et chargé des fruits de la connaissance, trois gazelles musent ; l'une d'elles est soudain assaillie par un lion, ses crocs sont déjà enfoncés dans la chair, l'emprise se fait frénétique et mortelle. Qui de nous serait l'antilope, et qui le lion ? Ma beauté n'a-t-elle pas bondi sur toi, et n'as-tu pas le regard griffu ? Le prédateur surgi du coin droit de la mosaïque semble ajouter du savoir à la composition, l'expérience que nous sommes mortels et que les fruits défendus vont pourrir dans le feuillage. Plonger sur mon corps pour y laisser la marque de tes dents, tu pourrais certes te le permettre et disparaître sous les taillis, comme moi je vais obliger bientôt mes yeux à se déprendre de toi. On s'arracherait de la peau, et rien n'est plus profond que la peau, puis on se contemplerait d'un œil critique, et nous serions le loup et l'agneau buvant deux fois l'eau du même ruisseau. Je ne m'indigne pas en attendant que le pécheur s'amende, je n'ai aucune pitié pour ceux qui s'écartent de leur voie, et je refuse mes consolations aux affligés dès lors qu'ils ne se montrent pas parfaits dans leur voie.

Rien n'aurait pu sauver une soirée débutée si maussade, rien. Le dénouement con-

venu, s'étreindre à l'heure où les pieux liraient
le Cantique des cantiques en famille, aurait
eu l'amertume de cette longue errance dans
le désert intercalaire des fuites et des conquêtes. Tu ne m'auras pas, lui disait-elle en
silence, et lui, sans parole aucune mais avec
les gestes définitifs de ses mains brunes : Suis-
moi, suis-moi. Nous ferions pourtant un cou-
ple scandaleux, un de ceux que les journalis-
tes européens viennent reluquer aussitôt
débarqués de leurs voitures de louage, pensait-
elle en souriant dans le vide, et aussi : Tes yeux
sont bien ce d'où je viens, ils me donnent le
Nil le plus sombre, le *nihil obstat* dont je res-
sens encore le besoin après m'être tout autorisé de la vie, ou presque. Il se disait : Quelle
épreuve de surmonter ses airs affranchis, sa
hardiesse minée quand elle se devrait mutine
et incertaine de ses droits ; elle gagne son assurance de m'avoir déjà abandonné, voici très
longtemps, et je ne comblerai jamais ce retard.
En bas la graisse de l'agneau se figeait sous
des fourchettes immobiles quand leurs yeux
se prirent à rire, aussi soudainement que
l'abattement les avait conquis. Hilarité venue

de cette découverte tacite et mutuelle qu'ils s'étaient laissés aller à supputer l'extase sans être même disposés à déchirer une viande commune, à savourer un instant partagé. Je ne redoute plus la solitude depuis que j'ai découvert combien j'ai été loin encore du risque d'être seul, lança-t-elle et cela ressemblait à la question posée par le niais ébahi devant les secrets de la sortie d'Égypte. Et moi j'en ai mortellement peur car j'ai vu mon père le cœur esseulé au milieu de ses trois épouses, se surprit-il à répondre, gêné soudain de se trahir sous un jour trop patriarcal, fruste un peu, une poignée d'olives et un quignon de pain et le bassin dans la cour familiale, tout cet univers déprécié ou perdu.

La vulnérabilité entrevue ne l'a pas attendrie. Point de rapide caresse sur la tempe, préludant à un effondrement plus intense. Et si je ne suis pas bon, se demandaient-ils tous deux devant la montée d'images plus précises, des doigts gourds ou des muscles endormis ; l'un comme l'autre, nous rejetterons toujours la responsabilité sur le faux gémeau découvert près de soi dans un lit blafard. Aussi ne parlerai-je pas le premier, et ils alignaient tous deux d'interminables phrases pour reculer le moment de parler. La nuit, complète, les surprit par sa froideur. Tu m'as aidée à passer la mer entrebâillée ce soir, voulut-elle lui confier dans un mouvement de gratitude ; lui : Je ne sais plus si je t'aime ou si je t'ai aimée, mais ta fête est passée et je ne me suis pas réjoui avec toi. Au carrefour de la porte de Damas, dans la pénombre orange des lampadaires, leurs voitures (plaque jaune et plaque bleue) se sont séparées.

Porte des Lions

Deux fois deux lions se font face en rugissant. Force, demande implacable : le désir d'Empire. Qui débute sans doute dans ce sentiment d'inquiétante étrangeté laissé par le vide du Temple ; il y a toujours quelqu'un qui a perdu quelque chose à Jérusalem. Ceux qui gardaient les éperons et l'épée de Godefroi de Bouillon, qu'en ont-ils fait ? La reine Hélène cherche la croix du Christ, las c'est un vieux juif qui la cache — il s'appelle, bien sûr, Judas — et qui ne la lui cédera qu'après mille difficultés. Est-ce cependant la bonne croix ? Trois pièces, identiques, paraissent l'original : on les appose sur une femme malade, la languide est guérie quand sa peau réveille l'odeur d'ambre et de cèdre de l'une d'elles, voilà la vraie croix. À moins qu'elle ne gise encore dans un caveau des collines, toute souillée de décombres et de souvenirs, et qu'il soit vital de partir toujours à sa recherche ? Et puis, où est passée la couronne de la Vierge du Calvaire ? Et les clous de la croix, qu'une vieille légende accuse les Tziganes d'avoir forgés et volés ? Et les bornes qui entouraient la fontaine d'Ayin Silwan, chère aux musulmans ? Et l'arche sainte de la vieille synagogue Yokhanan ben-Zakkai (s'enfuir dans un cercueil d'une ville livrée au massacre, pourquoi pas ?), pillée par la Légion arabe ? Musées et bibliothèques peuvent s'étendre, comme s'étendent à travers la cité les quartiers contrôlés par les intégristes adorateurs de la lettre : les symboles aiment à se dissimuler. Ici, on voudrait éterniser jusqu'à la souffrance, comme si nous n'étions pas oublieux de la souffrance et que nos cataclysmes ne faisaient pas figure de coups d'épingle au Grand Équarrisseur, au postier céleste de nos correspondances inachevées ? Si tu trembles dans les salles sonores dédiées à la mémoire de l'holocauste, sur le mont Herzl, c'est de froid et de fatigue car cette litanie de l'horreur ne parvient pas à exténuer la haine, ni en toi ni en le multiple autre.

Alors, la tentation impériale. Pour cette seule porte ouverte dans le Mur oriental, pour cette porte qui a laissé passer les grandes effractions de la Vieille Ville. Par l'ancien portique de Bab al-Sahira tout proche, les croisés se précipitent massacrer les infidèles le 15 juillet 1099 à midi, après un mois et dix jours de siège. Les juifs sont brûlés vifs, les mahométans passés au fil de l'épée, Guillaume de Tyr avoue lui-même son dégoût devant les excès dus à un trop grand amour du nom. « Pieds nus, avec des soupirs et des larmes », les barons triomphants se rendent au Saint Sépulcre prier pour la délivrance, mais on tue encore dans les rues... C'est la porte des Lions qui livre passage aux parachutistes israéliens le 7 juin 1967, sans tueries cette fois, mais avec aussitôt ce regard de muet reproche dont les juifs se sentiront dès lors prisonniers. Le Mur des Pleurs se retrouve après la traversée des ruelles, la joie est tendue car il faut maintenant « tenir » Jérusalem, et personne à la tête du jeune État hébreu ne sait très bien comment. Quelques jours plus tard, l'obscur ministre sans portefeuille Menahem Begin lit dans le quotidien israélien d'extrême gauche *Al Hamishmar* (La Garde...) que le Conseil de sécurité de l'ONU va se réunir incessamment pour débattre du statut de la Ville sainte ; de toutes ses forces, il pousse le gouvernement à multiplier les faits accomplis, à empêcher une nouvelle division, à rejeter sans appel l'armistice de 1948 qui avait fait de la vallée de la Géhenne un no man's land.

Depuis, Jérusalem pousse trop vite. Les croupes des collines sont violentées par des routes rectilignes, les banlieues mystiques édifiées en toute hâte par le ministère du Logement, pour juguler les vieux villages arabes dans un réseau de quartiers juifs, ont la froideur de places fortes ; sur le mont des Guetteurs — cette hantise de la surveillance, de la recherche, du regard fouillant le désert imprévisible, « *Chouftou be'eini* », dit-on en parlant de son destin, «Je l'ai vu de mes yeux» — s'est établie la forteresse de la science, le château fort universitaire qui fait face à la porte des Lions. Les faubourgs modernes de Jérusalem s'inscrivent si clairement dans une stratégie de contrôle de l'espace qu'ils trahissent ingénument les actes manqués de leurs créateurs : Gilo par exemple, imposante sentinelle placée sur la route de Bethlehem, a été dessiné autour d'une entrée en voûte protégée qui rappelle de manière saisissante l'entrée du ghetto de Vilna. Oui, la blessure du ghetto vibre toujours dans les nouveaux maîtres de la ville. À Kiryat Yovel, le pionniérisme banlieusard a épandu son béton sur le terrain qu'avait choisi, trop tard, le roi Hussein pour s'y faire édifier un palais où la reine Nour aurait fait des apparitions épisodiques et rassurantes, où Jérusalem aurait peut-être pu satisfaire ses envies d'être capitale...

Avant celui des juifs, nombreux ont été les pouvoirs à s'abattre sur la cité. Mais c'est la première fois que les orphelins du Temple, les portefaix d'une histoire écrasante, se retrouvent sur le cheval, avec les lions — lion, c'est aussi le nom d'un avion de combat israélien ultra-moderne. Les exclus sont les empereurs, ceux qui jadis fuyaient le courroux romain dans un cercueil détiennent les clefs de la cité : ce renversement est trop brutal pour ne pas susciter la haine, et le ressentiment. On accuse les juifs de « défigurer » Jérusalem, mais ils sont déjà les seuls à ne pas avoir changé son nom : depuis que les lettres URSMM apparaissent sur une pierre, Yerou-shalem, Yerouchalaïm, cette constance a de quoi faire frémir... Les Romains avaient dit Aelia Capitolina, les Arabes Bayt al-Maqdis puis Al-Qods ! Mais Jérusalem, avec ses deux *yod* qui sont la lettre la plus dangereusement puissante de l'alphabet hébraïque, Jérusalem qui dans la Kabbale représente les deux *sephi-rot* de la clémence et de la royauté, comme si l'épreuve de l'élection n'avait pas suffi et qu'il fallût s'accabler de cette synthèse impossible, de cette gageure !

Alors c'est par l'histoire et pour la continuité que s'opposent les rivaux de la tentation impériale. Les juifs creusent, creusent, à la recherche des signes archéologiques de leur légitimité. Ils reconstruisent le quartier juif de la Vieille Ville autour du symbole de leur ancienne oppression, autour de cette colonnade du Cardo édifiée par les Romains après la chute de la ville juive, et alors que la Xe légion romaine campait dans l'actuel carré des synagogues. Ils folklorisent le passé arabe de la cité, comme s'il s'agissait d'une parenthèse ouverte et fermée entre le cataclysme de l'an 70 et l'agressive modernité israélienne. Devant le grand commissariat de police à Makhané-Yehouda, à l'entrée de ce haut lieu de l'occupation coloniale anglaise, deux lions se font face, répondant à ceux de la porte que les Arabes appelaient Bab Sitna-Mariam, porte de Notre-Reine-Marie, avant de se joindre au concert de l'autorité et de dire tout simplement Bab el-Lione... Pour eux, pour leurs penseurs hâtifs, les juifs ne sont qu'usurpateurs. Et j'ai vu à la télévision jordanienne, le 13 mars 1983, une émission éducative affirmer que Jérusalem était une ville « jébusite » jusqu'en 691 où fut édifié le Dôme au Rocher, et que les premiers juifs y apparurent en 1917 à la faveur de la pénétration britannique. Lu aussi dans des ouvrages d'historiens jordaniens que « les hommes de la Légion arabe se sont battus comme des lions devant un ennemi très supérieur en nombre » durant la guerre de

1967 et que le cimetière juif du mont des Olives, qui avait été en fait profané par les soldats jordaniens, « a été détruit par des tirs de
mortier israéliens pilonnant la route Jérusalem-
Jéricho ». Jouer de l'histoire comme on joue
du couteau.

Il y a un jardin archéologique au pied de
la vieille enceinte, dans lequel le promeneur
peut dévaler seize siècles sur une déclivité de
trente mètres. Il y a un Zoo biblique, où les
compagnons de Noé traînent une languide
existence sous le regard vigilant de volontaires américaines en bleu de travail. Pourquoi
ne pas déguster les temps révolus comme un
vieux bonbon, pourquoi les peuples trop
anciens sont-ils guignés par les autres — je
pense aux Japonais, ce soir où la route descendant vers le Mur occidental est bordée de
sectateurs de Makouya qui, toutes les dix
minutes, attendent de mystérieux visiteurs les
poings sur les hanches et le kimono simple plaqué aux flancs ? Pourquoi s'entêter à vouloir
être roi et prophète, Lion de Judée et amoureux du Messie ? « Par le feu et par le sang »,
dit l'hymne des sionistes les plus résolus, et

moi (il y a en moi un enfant qui pleure, l'enfant que j'étais et que j'ai gâché) je voudrais vivre « par le miel et par la menthe » ?

L'Église elle-même, patrie des certitudes et des catégories, vacille à Jérusalem. Les hommes du clergé sont accessibles au commun, on les voit mordre gravement dans leurs côtelettes d'agneau au réfectoire éblouissant du patriarcat arménien, on les voit s'amuser avec des enfants près de l'église luthérienne, on voit l'archimandrite de l'Église russe orthodoxe en exil se retourner furtivement vers le portrait du tsar qui domine son bureau, on voit les prêtres éthiopiens monophysites étendre un linge idéal sur le toit d'où ils dominent la Vieille Ville, on voit des nourrissons abandonnés devant le Saint Sépulcre crier qu'ils n'oublieront pas de sitôt leur compte avec la dure épreuve du célibat... Quinze mille chrétiens totalisent la geste de saint Pierre, même la localisation de la Cène les oppose et, tandis que le monde catholique oscille entre le Vatican et Walesa, eux vivent la nostalgie du *Regnum Ierusalem*, quand Baudouin recevait ses visiteurs au palais du mont du Temple en burnous et chèche tissés d'or. Vestige des splendeurs passées, les messes consulaires, où le représentant de la France prend place au prie-Dieu d'honneur dans toutes les églises de Jérusalem, en tête de travée du côté de l'épî-tre ; consul des Francs arrivant précédé des *cawas* aux pantalons turcs et à la longue canne terminée d'un pommeau d'argent, survivance des protections françaises accordées aux reli-gieux latins, mise en scène de l'allégeance à un pouvoir temporel d'autant moins contrai-gnant qu'il s'exerce ailleurs... Bienfaits de la capitulation de 1604 signée par Ahmet Ier le Turc et Henri IV le Franc, qui veut en son arti-cle 4 que « les sujets de l'Empereur de France et ceux des Princes ses amis alliez puissent visi-ter les Saints Lieux de Hierusalem, sans qu'il leur soit mis aucun empêchement, n'y faict tort ». S'ils échappent à cette puissante nos-talgie d'un royaume de Dieu proclamé sur terre, s'ils se lassent des gestes de potentats qu'affectent les chefs des Églises, les adeptes du Second Israël prennent alors des risques : vivant aux sources mêmes de l'Ancien Testa-ment, baignés des communications érudites de l'École biblique, fatigués des appels à l'engagement politique venus des universités palestiniennes de la région, ils peuvent s'engager dans une existence judéo-chrétienne où la terrible rupture de la Passion se laisse un peu oublier pour le plaisir de la continuité. Un prêtre dominicain, ainsi, ouvre son déjeuner par la bénédiction juive sur le pain et le sel et l'achève par les actions de grâce dans leur texte hébraïque. Oublié, le syndrome des croisés. Et la Custodie de la Terre sainte, qui gère les biens chrétiens de Jérusalem depuis 1217, continue à faire quêter de par le monde, chaque Vendredi saint, pour « maintenir la présence catholique dans cette région » !

Comment échapper au pouvoir ? Comment s'écarter de la tentation impériale ? Personne ne répond jamais, et pourtant il faut ici revenir à Hérode, d'abord parce que son ombre hante cette partie de la Vieille Ville (une porte mineure y a reçu son nom), puis parce qu'il porte sur lui les stigmates de l'autorité, que la puissance l'entoure de vapeurs funestes. Hérode est un tyran, passionné de femmes ; son goût du pouvoir s'exalte avec sa jalousie

amoureuse, comme les monstrueux mamelons
de son hubris. Les troubles de palais vont alors
au rythme de sa passion sexuelle, et c'est si
clair qu'on ne peut douter voir là, dans l'expérience du despote de Jérusalem, un message
universel. Hérode répudie sa première femme
Doris, une fille de Jérusalem : il perd ainsi le
lien qui l'unissait à la cité, il va pouvoir déri-
ver sans entraves sur la mer de ses désirs.
Marianne le rend fou, mais des jalouses affir-
ment qu'elle a provoqué la convoitise sexuelle
d'Antoine (jusqu'en Égypte...) ; il confie à son
beau-frère, le mari de Salomé, qu'il est prêt
à occire Marianne si ces bruits sont fondés.
Marianne l'apprend, elle le reproche au roi qui
redouble de fureur en pensant qu'elle a
recueilli dans l'alcôve les confidences de son
parent. Il la fait tuer, et vit depuis lors dans
la confusion des rivalités qui déchirent ses fils.
Antipater, qui fréquente Salomé sa tante
« avec la même liberté que si c'était sa
femme », selon Flavius Josèphe, intrigue contre
Alexandre, lequel est contraint pour se défendre d'accuser tout le monde, et notamment
Salomé qui aurait, paraît-il, « voulu rentrer de

force dans son lit ». Celle-ci, manœuvrant pour placer Aristobule au premier rang des faveurs du despote, échoue totalement et entraîne la chute d'Alexandre et d'Aristobule, que Hérode fera étrangler. Le vieux roi, suant de la bile noire sur son lit de mort, aura encore la force de faire tuer Antipater, tandis que son harem vibrait de malignes compétitions. L'intensité sexuelle, alliée à l'exercice du pouvoir, est destructrice ; et les puissants d'aujourd'hui prennent soin d'écarter de toutes leurs prérogatives les signes de la baise, au point que des naïfs ont pu croire qu'on pouvait subvertir le pouvoir en jouissant sans entraves ! Non, il faut ordonner son plaisir dans le sens d'un constant refus de la prise du pouvoir ; les juifs traditionalistes, qui ne font l'amour que le vendredi soir car l'union cosmique est favorisée par la venue de la « fiancée Shabbat » vers son promis divin, avaient compris cette économie du désir. Et là, dans la cité enserrée par les réseaux de quartiers trop spécifiés, dans l'affrontement des peuples que nourrit la peur de l'autre, cette chance ultime de s'affranchir des tyrannies était en train de

se perdre. Lions en laisse, guérites au-dessus
du désert, disparition des caravanes et cohortes grandissantes de voitures cuirassées.

Ce qui s'écrit désormais vise à éloigner la
destruction. Depuis bien longtemps les gro-
gnements des machines à sous électroniques
meublaient d'échos les voûtes de la vieille cité,
et cela vous glaçait d'entendre le guttural
assaut des signets incandescents jouer la guerre
dans ces ruelles qui serpentent sur des caveaux.
Un jour, à Rehavia écrasée de chaleur, un cortège de vestes empesées et de chapeaux faux
canotiers accompagna le dernier témoin (*Jude,
Jude Itzig, mach dich nicht so witzig*) de
l'Allemagne prénazie ; désormais tous les
ponts avec Berlin étaient coupés, il n'y aurait
plus de queues aux guichets des banques pour
guigner les réparations de l'irréparable. Une
fanfare de scouts blanc-bleu joua l'inoublia-
ble composition de Carl Sternheim, dont on
avait seulement modifié le texte :

> *Politik, Polizei*
> *Geht mir weg alle zwei !*
> *Polizei, Politik*
> *Ja die hab ich nicht lieb*

était devenu un hymne à Maalé-Adoumim-la-Glorieuse-qui-face-à-l'ennemi-toujours-se-tient. Un jeune Yéménite au sang chaud et aux papillotes déjà grises, qui s'épuisait sur une thèse de onzième cycle consacrée à « la sensibilité juive dans le théâtre expressionniste allemand et ses rapports avec le *Shaarei Teshouva* du rabbin Yonah », hurla à la contre-vérité et apostropha en yiddish le cortège funèbre. L'incident, aussitôt amplifié par les étudiants de la *yeshiva* des Geôliers du Nom, donna lieu à une expédition punitive contre tous les kiosques à *gefilte fish* encore ouverts à cette heure tardive — car le conseil municipal rabbinique de Jérusalem avait décidé récemment que le couvre-feu serait instauré une heure avant le moment de dire la prière quotidienne du soir, ce qui obligerait notamment les dix hommes du *minyan* requis à passer la nuit ensemble. En représailles, plusieurs centaines de Belz'Angels aux caftans de cuir noir et aux motocyclettes spécialement conçues pour circuler le Shabbat descendirent de Mea Shearim vers Mousrara où s'était installée la grande fabrique des Loukoums pour la Paix, qu'ils incendièrent aussitôt. Plusieurs dizaines de citoyens arabes, qui campaient devant le siège du Tribunal rabbinique supérieur dans l'attente des rares autorisations de conversion, furent aussi attaqués par des inconnus. Mettant ce nouvel acte de violence sur le compte d'agents pro-Syriens — qui, affirmait-on depuis la constitution d'une République druze sur le Golan, s'infiltraient très aisément jusqu'à la cité sainte —, le Comité pour une Palestine authentiquement islamo-arabe décréta une grève de quarante nuits ; coïncidant avec le jeûne du Ramadan, elle pourrait ainsi paralyser efficacement la ville. Mais chaque consortium hassidique disposant de son propre garage d'autobus blindés et de ses centrales électriques secrètes que des Falashas et des bédouins employés au noir faisaient tourner, le mouvement n'eut guère de suite. Enthousiasmés par les professions de foi du quotidien judéo-arabe *Al Awdah wa Al Tshouva* — notre retour et votre retour, ou bien le retour sur le retour, ou bien le retour est-il bien la question, ou bien la passion du retour, les philologues étaient dépassés par l'évolution fiévreuse du patois hébrabe qui se parlait ici —, des groupes de filles et de garçons en gandoura investirent les boutiques luxueuses du Cardo rénové et jetèrent bas les colonnes romaines de faux stuc, et parlementèrent avec le patriarche arménien pour obtenir l'assurance que l'enceinte de la Vieille Ville, fermée par un édit spécial du Conseil sioniste de Baltimore, laisserait cependant passer du vin, du *showarma*, de la *ganja* en quantité et la nouvelle édition œcuménique de la Bible publiée à Lagos par la Fondation des femmes de Fela.

Puis finit par advenir l'inévitable. Afin de protéger le périmètre miné du mont du Temple, une unité d'élite constituée de mille jeunes juives en short, choisies pour leur air voluptueux, veillait jour et nuit (les gardiens musulmans des mosquées d'Omar et d'Al-Aqça avaient été castrés, pour éviter tout incident interconfessionnel) ; mais leur caractère dissuasif, redoutable auprès des prudes zélotes qui n'osaient pas même lever les yeux sur elles, ne se vérifia pas chez les sectateurs de l'organisation ultra des Obsédés de la Sainte

Croix, dont la formation rigoureuse passait par un stage de spéléologie dans les Montagnes Bleues du New South Wales et la lecture quotidienne de Teilhard de Chardin. Perçant la défense de la colline excessive, ils saisissent en otage le mufti des mosquées, un vieillard si vénérable, disait-on, qu'il avait connu le temps de la dernière session extraordinaire du Conseil de sécurité de l'ONU consacrée à l'agitation fanatique de Jérusalem — depuis rebaptisée Jerry-yishalem, qu'on pourrait traduire par « Les Américains y pourvoiront ». Les néo-chrétiens, qui ont entrepris de faire sauter la plupart des combles à la recherche des preuves irréfutables de la culpabilité de Judas, lancent un appel au pape Pie III, XIV pour qu'il effectue un voyage en Terre sainte déjà cent fois annoncé. Deux mois plus tard, un hélicoptère récupéré par une secte hassidique au Liban parvient à franchir le barrage aérien assuré par les batteries de Tsahal (initiales de « couleur de présentation à Israël », en hébreu), et se pose sur l'esplanade. Son train d'atterrissage a été recouvert d'une toile de lin tissée par douze vierges observantes, afin de ne pas désacraliser le site théorique du Saint des Saints. Après plusieurs nuits de controverse théologique, les fondamentalistes du Premier et du Second Israël parviennent à s'accorder sur le plan du Temple qu'ils se proposent de reconstruire ; grâce à une interprétation stricte du verset : « L'Éternel fracassera les cèdres du Liban », ils décident de renoncer à ce matériau jusqu'alors abondamment utilisé dans la maison divine, et choisissent un teck canadien amené avec célérité par une société d'import-export de Sidon. En ville, l'agitation ne cesse de croître au spectacle de ces prodiges, les infiltrations se multiplient et une association charitable saoudienne, les Petites Sœurs musulmanes, ouvre un atelier féminin sur la colline, destiné à la fabrication des objets du culte ; cette présence femelle suscite à nouveau de furieux débats, apaisés par la décision de faire revêtir aux studieuses, sous leur classique tchador, une perruque, des bas épais et des sandales du docteur Schultz.

Le pouvoir des bâtisseurs s'étend sur les quartiers. Au soir tombant — ces soirs de Judée où le froid se jette sur les collines avant de disparaître avec la souplesse d'un renard —, des gardiens-vigiles passent en lançant leur nostalgique consigne : *Madedou et-Takhnit*, ce qui peut s'entendre « Mesurez le plan », le plan du Temple, ou « Demandez le programme », le programme des apocalypses à venir. Les maisons sont inspectées au hasard, l'acte sexuel étant sévèrement prohibé, de même que la lecture de certains passages d'Osée (cette histoire de prostituée) et l'entièreté de *Last Exit to Brooklyn*. Sur la foi d'une image biblique qui dit que « la ville est une marmite et ses habitants la viande » — Ezéchiel, non ? —, le régime végétarien le plus strict est imposé, les déviants du Cardo dévasté ont été décrétés hors la loi, c'est-à-dire condamnés à mort puisque la Loi est la vie. Les autorités légales de la ville, plus précisément le conseil rabbinique puisque le dernier scrutin à cinq tours et vote par acclamation a été boudé par toutes les autres communautés, sont en fuite ou en exil à Amman ; pour résoudre le manque d'eau chronique dont la ville souffre depuis sa fondation — mais le Comité des Dix Sages Sévères affirme qu'elle n'a pas été fondée, qu'elle est née comme un être humain de sa mère Oholiba, ce qui interdit notamment de lui transplanter un cœur artificiel et donc d'y fonder un autre centre que celui de l'esplanade sacrée —, les dernières gouttes de la mer Morte ont été puisées et l'immense croûte salée sert désormais à conserver les cornichons géants qui constituent la base de l'alimentation. Les volontaires occupés par le chantier recevant double ration, le mont du Temple est vite surpeuplé, mais les rixes incessantes entre mahométans, fondamentalistes, adventistes de l'avant-dernière heure, hassidim *mea akhouz*, maîtres de justice, marchands du futur Temple, néo-tsadokkites, néo-esséniens, dünmeh, fidèles de la Joumariyya, chiites arrivés là par hasard, adhérents du réseau Au carrefour ou du groupe Tous ensemble, leuwéniens, anglicans de l'Église d'Australie, pèlerins de l'Ordre Cauterio suave-Regalada Llaga, abonnés à l'hebdomadaire *Haolam-haba*, futuristes tendance Jabotinsky, font de sérieux ravages, et les cadavres sont lâchés dans la mer Rouge par des Transall affectés à cette macabre mission, le territoire sacré où les morts sont interdits ayant été étendu par un édit unitaire (oh, ce spectacle d'un mollah et d'un rabbin s'entaillant le bras pour mêler un peu de leur sang sur le sceau où est inscrit en caractères coufiques la formule agréée, *Forget me not*) jusqu'à la Turquie au nord et l'Irak à l'est.

Le Temple ? Il avance : ça tient du mastaba, du cottage, de la fausse splendeur d'un palais mussolinien plaqué de pierre du pays. Des tours Eiffel géantes servent d'antenne, le Saint des Saints, doctement localisé à l'emplacement de l'ancienne Fontaine des Âmes, sera tout en glaces panoramiques et Formica. L'heure de l'inauguration approche, une assemblée visant à désigner le comité d'organisation des festivités est convoquée. En quelques jours, tous les participants sont arrivés, convoyés par une noria de taxis dont les radios diffusent la *Sourate des femmes*, la cantate *Ach Gott von Himmel siehe darein*, *East Broadway run down* de Sonny Rollins — pour le solo de basse où le cœur de la ville est au bord de ses lèvres, et pour le dernier monologue qui sonne comme un *shofar* —, et le morceau du saxophoniste David Lidmann, *Treblinka*, sur lequel vous avez dansé jadis un slow sans le savoir, ne dites pas non. Parmi les invités de marque, les observateurs du Grand Sanhédrin (Secrétariat unifié) basé à Genève, du Comité Al-Qods présidé par l'agha de la confédération sahraouie, de la Société mondiale des intellectuels pour une juste application de la Sharyah, des Amis de l'abbaye de Vézelay, du Groupe Jean de Münster-Jusqu'à la victoire finale, les billets ont été offerts par Hong Kong Overseas Ltd à condition que les délibérations, menées en anglais, soient traduites aussitôt en chinois, la séance d'ouverture est dirigée par l'Adonenoumorenourabbenou Yossele Shams-eddine qui s'applique à pleurer tout en poussant de subits éclats de rire *cf.* la prophétie sur le peuple « qui pleurait en hurlant et poussait des cris de joie » au spectacle de la reconstruction (waitaminute, dakikaminfadlak, tekhef... Ezra, oui...), et après de sempiternelles veillées l'état de grâce martial est décrété sur le territoire sacré et celui qui profère des paroles impies sera donné aux lions, aux lions précisément.

Les potents s'impatientent car des faubourgs et des portes leur revient la rumeur qu'un homme récuse bien haut l'avènement programmé, pareil à l'airain muni d'un lien de lin et d'un pied d'arpenteur il se tient à la porte de la colline (vu, Ezéchiel) et s'obstine à mesurer et mesurer encore comme si les architectes n'avaient pas achevé leur travail, comme si le plan d'une vie devait sans répit être corrigé. Il compte en coudées et on ne saisit pas très bien si ce vocable archaïque ne signifie pas aussi « peuples », vingt peuples par-ci, six peuples par-là, la Maison du Puissant aurait donc la dimension humaine exactement, thèse développée dans l'ouvrage honni et clandestin de Joseph Salvador, *Rome Paris Jérusalem*, qui voyait ici le siège du gouvernement universel. Les gardes sont renforcées aux abords des portes et sur les bords du Jourdain, et la procession inaugurale débute dans le tocsin déchirant des sirènes, chaque groupe connaît sa place et se met en marche à l'appel de son nom de code sur les ondes officielles trésor caché clepsydre, etc., etc., une foule d'incirconcis de cœur vers le mastabamaisonphénix-froid descend la Via Dolorosa sous la bénédiction d'Arthur Blythe saxant en les haut-parleurs où est urbi et où est orbi, des pieux arrivés en voiture sont refoulés et plusieurs moustachus bronzés à l'air dur lapidés dans la crainte qu'ils ne soient l'homme implacable poursuivant son décompte son évaluation studieuse de la superficie que demande la rédemption, les momies des empereurs d'Est et d'Ouest sont portées lentement vers les stalles inférieures du Temple et s'apprêtent à souiller de leurs bandes exsangues le gruyère de la montagne magique.

L'homme, le fils de l'homme, le fils de la femme dirions-nous, n'avait pas quitté la cité et ses portes louches. Lien de lin, pied d'arpenteur, calculatrice de poche, balance exacte de l'harmonie, tout savait concourir à sa recherche ou, plutôt, à ses vérifications. Oui, il semblait vouloir s'assurer que les formes dont il évaluait la taille correspondaient ici-bas à un tracé idéal, au dessein du fusain céleste, au dessin des fuseaux qui ouvrent l'orange du monde. La fête battait son plein, par trop cérémonieuse et précaire, les sectes se tenaient en liesse de leurs jalousies et de leurs attentes convenues du bonheur, et lui dévala un sentier de la porte des Immondices vers un champ clos que les archéologues avaient fouaillé jusqu'à ne laisser que les côtelettes de la terre, où il demeura longtemps en silence. Le Temple troisième dressait son allure revêche dans le blanc aveuglant du midi, son pourtour semblait avoir l'exact nombre des coudées nationales requises et cependant l'homme lui tournait le dos, choqué par les effluves de goulash qui lui parvenaient des cuisines quand son cœur attendait l'encens ineffable des sacrifices et du mouton grillé, la devanture d'un perruquier pour femmes trop vertueuses clignait des néons dans ses yeux fatigués, la désertion criante de la beauté lui tenait le ventre.

Alors le mouvement convenu des yeux levés au ciel, avec ce désir de croire qui assaille les âmes fatiguées, et l'azur est d'un vide accablant, dure la coupole des cieux réfractant les cris obscurs de la foule, illusion d'optique une ombre se collecte pourtant très haut le mamelon d'un sein se réveille la rumeur des cieux se fait plus intense et un lourd objet paraît tomber des nues dans le froissement d'ailes multiples cigognes d'Égypte ou archanges et anges mineurs et angelots ; avaler sa salive, lever à nouveau la tête sous la douche du soleil l'apparition se précise en se ruant vers la terre, terrible météore nous fait trembler, plus vite la masse veut s'affaler c'est sûr et coiffer le mont du Temple d'un crachat sidéral, éclipse et séisme approchent, la liesse s'éteint comme une bougie soufflée et demeure le silence quand le Temple, décidé dessiné par celui qui sait avec six coudées par-ci et vingt peuples par-là, se rapproche de son lieu assigné depuis la nuit des temps jusqu'à l'épuisement des jours. Ce qu'il fallait attendre et non mimer dans l'orgueil des amateurs de rite atterrit plutôt lourdement et son poids énorme — oui, ses terrasses sont bien tournées vers l'orient, c'est bien lui — ruine la bâtisse caduque, l'explose dans un geyser de pierres de madriers de briques de homards de postes télé de congélateurs de tuiles et de tulle (Antonioni, n'est-ce pas ?) et s'arrête dans des volutes de poussière tandis que de ses portes-fenêtres miroitant au soleil bondissent les danseuses de kathak au ventre doré sous les corsages pesants, et Sarah oubliant ses griefs et ses peurs enlace Agar pour quelques pas illuminés du bruissement de leurs bracelets, et s'ouvre l'âge de sable car nous sommes nombreux et brillants et vivaces comme les grains de sable, et la mer vient s'étendre au pied de la colline et plus jamais nous n'aurons peur des esprits marins lorsque à la nuit nous nous retirons sous la tente où nos soupirs poursuivent la musique de l'onde.

Porte de la Miséricorde

Le fil de fer court au sol, se perd au sein des ronces, se faufile sur les collines. Il est la ceinture de Jérusalem, sa fermeture symbolique qui permet aux rabbins de laisser les hommes porter un livre au jour du Shabbat. Il ferme toutes les entrées théoriques de la cité, et abolit le passage entre domaine privé et domaine public que le repos sabbatique s'interdit. Je suis dans ce cercle de fer et de craie, devant le travail des passions concentrées et devant l'obligation du repos pris ensemble. On ne peut forcer une telle enceinte, nulle armée ne percera ce mur idéal qui résume l'omphalos du monde, condense l'histoire de nos folies. Je suis allé me promener, j'ai été troublé par des femmes, j'ai regardé cette ville avec l'amour d'«un général qui a compris qu'il ne prendra pas la cité assiégée », j'ai perdu la foi dans mes paroles, j'ai voulu apprendre de la Loi et j'ai été déçu, ici où les chats sont effervescents comme des péchés.

Sur les collines de l'Est affleurent les vieilles plaies de Jérusalem. Sources hantées. Puits maléfiques. Arbres savants. Erreurs de perspective, route qui descend et qui monte cependant. Tombes. Caveaux. Des chemins violents où les monastères se taisent, où les morts guettent, où le désert perd son innocence. Le tambour doré de la porte de la Miséricorde épuise mes tempes. Elle seule garde le même nom parmi toutes les confessions : Miséricorde, Rakhman, Rakhamim, bienveillance dont le Dieu sémite ne se souvient que face à la mort et au désert. Elle seule est fermée sans appel, clôturée, têtue face au levant, obstruée par la méchanceté des hommes. Elle a été bloquée par les musulmans, peut-être parce qu'il fallait assurer la protection de la nouvelle mosquée Al-Aqça, peut-être parce que Jésus, dit Matthieu, y a fait son entrée triomphale à Jérusalem, peut-être parce qu'elle était trop dangereusement ouverte sur les vallées des morts. Je la regarde, elle est le plus harmonieux des portiques, ses arches douces ont le mouvement d'un oiseau, elle est ineffable et elle est muette.

Jérusalem aussi se verrouille, se défend de son enfance. Jadis, les idoles défiaient encore sur son flanc oriental la maison de l'Unique. La vieille terre parle toute seule, murmure des insanités. Pierres crayeuses, douces comme un lit. Le désir soudain de forcer la nature, de retrouver l'ample rythme du monde — et vous, rabbins qui priez sur le mont des Olives pour hâter la venue de la pluie, n'est-ce pas la même envie qui parle ? —, le désir de toi jambes ouvertes dans la poussière un soir de *khamsin*, cinquante fois cinquante dans le secret de toi et l'odeur d'algue et de sperme, l'odeur de naissance que fait l'écorce des oliviers, le souvenir de ces vergers à l'aube du monde où une jeune folle donnait son cul sous les arbres pour que les arbres en prennent de la graine et suscitent des fruits lourds et inattendus, le renard saccage les vignes, tout ce bestiaire et cet herbier de la Palestine : rien d'autre que la sueur des pierres et de nos peaux.

Cette ville surveille trop son désert. À Jéricho, des villages fantômes crient vengeance de tous leurs murs effondrés, les pistes sont marquées de signes militaires et les colonies fortifiées oscillent entre Massada et la conquête de l'Ouest. Jérémie fut à Anatot, dans un de ces bourgs brisés par l'antagonisme de la cité et du désert, et sa voix s'est perdue. C'est la route du Liban qui passe ici, labourée par les chenilles, la veine palpitante de l'ancienne peur de l'ennemi du Nord, et le Liban n'a plus de cèdres pour les panneaux du Temple, et le Liban perd sa beauté parce que les tribus d'Israël ont voulu un roi «comme les autres nations». Les nomades ? Quoi, pas compris encore que tout le désir de l'État est de planter des bornes dans le sable, de pulser dans la morale le béton du préfabriqué ? Mon amour, tu m'es bédouine cependant, tu me erres sur le petit désert quand la nuit laisse voir les monts de Moab, mon sang te tresse la mesure des poésies *mouallaqa*, tu soupires que le désir m'égarera toujours et tu sors de ta tente en laissant traîner derrière toi un manteau qui efface la trace de nos pas, tu tombes sur moi avec un corps métaphorique, toutes les petites couleurs que je discerne et toutes les formes dont ma main non dessinante se souvient s'écartèlent en harmonie du haut en bas de tes cheveux, et voir les étoiles au-dessus de ton épaule incurvée me fait dire qu'elles sont amarrées aux montagnes, qu'elles tissent un port d'où nous appareillons, et je vois passer dans tes soupirs le rocher du grand sacrifice, pressé de suivre le Prophète dans sa montée au ciel et que le Prophète suspend dans sa fuite du monde, et le rocher reste en l'air, amoureux, objet qui ne tombe pas.

La Miséricorde : aimer sans tuer. C'est quand le mont des Olives se fend d'est en ouest, une gorge criant le Jugement dernier. Quand tes jambes ouvertes sur le rocher donnent une grenade, rouge et jubilant d'eau, et qu'elle éclate pour ne pas assassiner la soif. Quand, sur les pages de garde des livres hébraïques imprimés ici, le nom de Jérusalem sort en lettres plus grandes encore que le titre. Quand, dans un Liban exsangue, sur une route défoncée et puant la mort au-dessus de la mer, il y eut une femme longue et agile pour passer sur l'écran du ciel, trottant un jogging de fonctionnaire des Nations unies, belle absurdement. Quand le premier journal publié à Jérusalem, en mars 1873, s'appelait *Ha-Lebanon*, le Liban. Quand une vieille dame juive, oppressée par la grandeur du monde, écrivait à tous les chefs d'État pour les convaincre d'accepter la paix entre les peuples frères et ennemis, serrait des missives d'Anouar el-Sadate et de la reine d'Angleterre — je n'en dirai pas plus, elle avait un nom de cygne —, et mourut dans la folie de cet amour inaccompli, du cancer qui est la maladie d'un monde impie et honteux des beaux gestes du sacré. Quand nous cherchions des surprises chez les bouquinistes sauvés de l'enfer avec leur bibliothèque, et qu'apparut ce livre palpitant du plus vieux secret, celui du Nom premier, *Chem Hameforash*, ce qui signifie tout à la fois en hébreu nom séparé, nom expliqué, nom prononcé, nom occulté, et où porte alors ma voix si le nom se joue ainsi de moi, et comment n'aurais-je pas pitié de moi, et d'ailleurs un imam de mon enfance rappelait que le soixante-huitième nom de l'Unique est « Celui qui fait avancer » lorsque le soixante-dixième propose « Celui qui fait reculer » ?

L'enfance, la miséricorde. Chez moi on savait encore regarder la Loi dans sa face gênante, lui cacher son signet maculé de sang, lui faire bredouiller son texte. « Que celle qui a été surprise en flagrant délit d'adultère... termine sa nuit », nous disions ; le jour vient, il est des hommes qui se lèvent d'un mauvais sommeil et qui siègent sur le mont des Offenses, ils sont si déçus d'eux-mêmes que la Loi leur a commandé d'être unanimes lorsqu'ils prononcent la sentence de mort. Le jour vient, et il y a aussi des danseurs de l'âme qui ont ajouté au service immuable la prière sans fard : « Béni soit l'Éternel qui autorise ce qui a été interdit. » Ils n'étaient pas méprisants de ceux que la Loi laissent à l'écart, ils regardaient le ciel qui avait renoncé à eux, ils organisaient cette idée comme un cantique, ils habitaient cette idée et, lorsqu'ils n'étaient plus amoureux et lointains des femmes qui passent dans la rue, ils avaient trouvé le lieu d'un vrai silence, ils étaient des envoyés. Pas fils de l'homme, fils de la femme, de la femme. Celui qui a tracé le premier portrait de l'histoire humaine l'a fait voici quarante mille ans, sur un éclat de défense de mammouth, et ce furent les traits d'une Vénus de l'âge de pierre. Vieille Salem de l'Est a le goût d'une femme. Dans le cercueil ivoirin de la dent, dans le vieux charbon des âges et des mers maniées cette défense luisante de nuit, écorne-moi mon œil mort et mes vieux mots, petits ciseaux apaisés des découpages de mon jeune temps, coup de défense lustrant la peau tranquille de ma jardinière d'enfants sous ses feux follets, ses rousses folies, dans la préhistoire des pleurs certainement, croc mignon d'ivoire incrusté par une main neuve, dans ce moment d'un regard très ordonné et brouillon aussi où la coupole d'un sein est connue mais l'autre corps se tait encore, dans l'embrun des âges où se perdent les aînesses, figure des moments rapides, périssoire sur des lacs de sagesse, défense déchire mon côté et fervente suscite-m'en une femme, dans le brouillon du sang elle étire ses reins et ses cheveux sont rapides d'une année-lumière.

Si je t'attends quand je te sais si peu encline à la miséricorde, dure, marine, Lilith, c'est qu'avec toi, chérubins nous pourrons émouvoir la mort. Les taupes qui creusent aujourd'hui le mont du Temple sont à la traque de signes, de révélations ; rôdent à côté de la Porte double et de la Porte triple, à côté du souterrain qu'empruntait le Grand Cohen pour aller brûler les restes du sacrifice sur le mont des Olives, déplacent des rocs qui ralentissent l'accès à la porte de la Miséricorde. Mais les fondateurs de Jérusalem creusaient pour trouver l'eau, « les eaux qui signifient la vie », dit le Talmud, grâce à mille ruses : tunnel de Khezekiah, piscines et réservoirs, aqueducs de Refaïm ou de Sour Bahir, sources. Que la pierre ait trop soif, il y avait le bouc émissaire envoyé au précipice de Bet Harodon, combien de fois referons-nous sa marche distinguée dans le désert, avec un tissu voyant qui nous fasse reconnaître du destin ? Et nous ne cherchons plus de signes parce que les signes nous ont élus et attirés à l'attention de la vengeance du monde. Nous cherchons l'amour, c'est-à-dire qu'il n'y ait plus de peau entre nous ; puis nous susciterons à nouveau notre peau, par les caresses et par l'ambre, nous susciterons à nouveau nos plus beaux contours pour nous perdre à nouveau en l'autre. Comme on ressuscite les morts : «*A* senefie en sa partie *Sans*, et *mor* senefie *mort* ; or l'assemblons, s'aurons *sans mort*. »

Je comprends alors la pesanteur de ton nom, Jérusalem. C'est à Rome que les nouveaux croyants sont sortis de la ville, ont érigé une ville dans les cimetières pour rebâtir la foi. Mais on ne te quitte pas pour aller puiser des forces dans tes tombes, car tout se passe en ton cercle. Si je n'avais pas eu la certitude de partir, de te quitter un moment, je serais resté près de la porte de la Miséricorde, la fumée de l'herbe libanaise et l'agonie de l'église de Toutes-les-Nations dans les yeux. Je n'aurais pas eu l'audace de soulever ton nom, et je serais resté sans ce livre, intact car il n'est rien ajouté ni retranché à la vie d'un homme si ce n'est par un livre. Tu épuises l'explicite, la fiction convenue, tu tolères seulement les rêveurs de loin, les rôdeurs discrets passant loin de tes jardins. Tu as laissé un temps aux voyageurs, le temps qu'ils se scandalisent de tes airs de bourg de montagne étonné, le temps qu'ils réfléchissent à une chute convenable pour leur *Itinéraire*. Tu as feint d'être morte, même, et je me souviens d'une lettre reçue par Lamartine : «Ici, chaque bruit est une plainte ; chaque murmure, un soupir ; chaque image, un signe de tristesse ; on dirait que la nature de Jérusalem ne s'est pas consolée, depuis dix-huit siècles, d'avoir été témoin de l'immolation d'un Dieu. » Tu as multiplié les obstacles sur tes chemins, l'un des maîtres de ta Kabbale n'a-t-il pas dû fuir l'amour trop jaloux d'une femme étrangère pour venir du Yémen jusqu'en toi ? Tu ne laisses pas écrire, trop attentive à tes contrefaçons et à tes images ; pourtant les adorateurs de rites qui vivent en tes murs devraient mieux surveiller leur visage et la grâce de leurs enfants. À la passion dangereuse de l'exilé tu as préféré le retour insidieux des vieilles habitudes de l'exil, les hommes refondent des ghettos en tes murs et ainsi tu t'épargnes, tu épargnes tes énigmes. Les nostalgiques du *shtetl* qui habitent le quartier Mea Shearim d'un feu exclusif ne

savent même pas que leurs maisons furent dessinées par un *goy*, pis par un missionnaire allemand ! Eux, si farouchement lovés dans la Loi
et dans une étude séparée du monde, n'ont
pas senti combien le filet trapu de leurs allées
embarrassait tes membres et tes gestes gracieux. Tu perds ton aisance sous le rappel
incessant des injustices et de la destruction,
toi qui avais su congédier hors du cercle les
signes impurs de la mort...

Contre la porte de la Miséricorde, épuiser
ses désirs de mourir. Ne plus vivre de tourments, ne plus tourmenter, ne plus racheter
en des suicides avortés l'incessante trahison de
l'aimée, toujours plus loin, toujours plus loin.
L'ambulance sans cesse ambule dans ma tête
et le drapé des blouses m'étourdit. Si je me
respectais, je ne répéterais pas ce geste définitif, mais les éclairs bleutés des sirènes dans
la nuit décidément m'appellent, et ton regard
bleu, anesthésiste souriant sous ton masque.
À Jérusalem il n'y a pas de chambre froide,
la Loi veut qu'une dépouille soit enterrée aussitôt, ou qu'elle patiente « en bas », dans la
plaine, à Tel-Aviv. Jadis on jetait les apatri-

des et les condamnés au fond d'une fosse commune, vallée du Kidron, les autres, tous les autres, étaient enterrés vers l'est. Comment pleure-t-on un mort à Jérusalem, dit Michée ? Par un cri déchirant et monotone, celui du chacal ou de l'autruche, il faut bien faire la bête quand on nous dénie l'agilité de l'ange ! Tard dans la nuit, les chiens du village arabe de Silwan jappent longtemps, ils sont en deuil de toutes les collines avoisinantes.

J'ai recherché mon aïeul Eliahou Bahi Allouch, inhumé au siècle dernier sur le mont des Olives et dont la tombe a disparu. Venu du Maghreb en bateau pour publier son livre à Jérusalem et y mourir ; cela s'appelle *Erets-Tsevi*, le pays du chevreuil ou de la gazelle ou de la beauté ou de Shabtai Tsevi, le pays des proies faciles au lion. En vain j'ai interrogé les hommes d'une *hevra kaddisha*, il n'existe pas moins de quatorze sociétés funéraires pour une si petite ville, recherché en vain les descendants des *batlanim* qui avaient dit des psaumes au-dessus de sa dépouille pour le garder des mauvaises forces, le quatre-vingt-onzième, notamment, dédié à celui qui allonge les jours jusqu'à plus soif et qui rend enfin aux méchants la monnaie de leur pièce. Je me suis tenu loin de l'aire d'impureté d'où sa trace a disparu, j'ai évoqué mes pères. Votre main voletait pour la bénédiction, puis touchait la tête et repartait, puis revenait dans la litanie, et je m'émerveillais d'être préservé à jamais par vos certitudes. Ou bien, votre visage caché, mystère des draps blancs ourlés de bleu tendus face au ciel du livre, la chaleur de notre tente, il fallait faire un vœu et je pensais aux femmes, toujours, toujours. Croire, descendre, croître, faire couler les jours et les enfants. Vos silences, vous aviez peine à me comprendre car je ne parle pas comme un sage, d'une voix trop voilée et rapide et distraite, vos indifférences et vos confusions, vos distractions, vous aviez tant d'enfants et n'avez jamais voulu me voir plus rebelle que je n'étais.

À Jérusalem les fils ne suivent pas le cercueil de leur père car qui est le vrai fils et qui est le fils né des folies qu'accomplit Lilith sur le corps d'un homme endormi ? Le cortège funèbre s'arrête à plusieurs reprises, conjure les esprits qui persistent à le suivre ; autour de la tombe, les hommes formeront une ronde et de ces cercles magiques viendra peut-être le meilleur grand sommeil. Quitter un cercle pour entrer dans un autre cercle, c'est une mobilité qu'on n'apprend même pas durant la vie. La lumière oblique de la lune exalte la blancheur du mont des Olives, cette nappe de pierres blafardes qui est le champ des apocalypses, celui dont les morts devront un jour se relever. Lorsque débutaient les orgies vaudoises, que les lumières étaient étouffées et que les corps se dévêtaient en hâte, on lançait le cri : « Que celui qui a tienne bon ! »

Ma main pour l'heure envisage les abords de mon gras-double, là loin sous l'aisselle gauche, là où la mort domestique qui me ronge fait son trou rouge et irise la tripe de brusques élancements. Je viens du pays de l'Oulkous-kous, piments puis amante-absinthe nous forent des puits inattendus pour que nous descendions en nous-mêmes, toujours plus loin dans l'inutile douleur. Si je me rencontre dans la fange remuée de mon ventre, hosannah, le peuple du Livre a ce privilège des maux malins qui enseignent que sic transit à petites goulées respirées hâtivement dans la peur sans pareille de manquer d'air.

Vision du narrateur, cantique au Maalox, pour le chef des chantres de David : un soir où la douleur se fit plus pressante, je dus cesser mon chemin et chercher un refuge qui cacherait les rictus de la souffrance. Là, dans un vaste jardin dévasté par les promoteurs, une masure abandonnée m'accueillit, l'ancien hôtel Terre d'Israël — en face de la librairie Stein, s'il n'a pas encore été rasé — dont les salles obscures sentaient le fongeux. Je restai longtemps sous les tentures de Damas déchirées dans le bruit tendre des rats, la rumeur de la cité s'était éteinte et j'attendais visage enfoui dans les mains quand une porte grinça en bas près des cuisines. Alors des silhouettes qui avaient été mortes commencèrent à surgir de la pénombre, venues des grands cimetières sur les collines elles avaient beaucoup erré au long des multiples tunnels qui parcourent la ville avant de trouver ici l'issue et de revenir au monde. Nombreux étaient les souffles haletants et nombreux les yeux trop pressés de voir et les mains encore blafardes palpant des membres engourdis et cependant intacts. Lassés d'attendre une résurrection mille fois promise et retardée par l'inconduite des vivants, les morts avaient décidé d'eux-mêmes leur retour. Et l'une des apparitions s'approcha de moi, le linceul déguisant mal ses hanches suaves : je m'appelle Khouldah, susurra-t-elle d'une voix claire, nous sommes les premiers à rentrer, lassés par les plaintes de ces morts inutiles que vous nous avez envoyés à profusion et qui, assurés d'avoir tré-passé avec leur nom et leur souvenir, nous ont menacés de mille tourments si nous préten-dions sortir des caveaux. Ces ignorants avaient perdu la vie bien avant de mourir, et nous qui sommes inscrits dans le Livre avons perdu patience. Une multitude va encore nous sui-vre, la condition est seulement de prêter ser-ment que jamais plus nous ne ressentirons le besoin de tuer une part de nous-mêmes pour vivre des lendemains : l'usure de mon cœur n'a-t-elle pas débuté quand il s'est oppressé de ne pouvoir dire à mon premier amour que nous ne vieillirons pas ensemble, et depuis lors ne me suis-je pas affadie à me prétendre inentamée devant chaque nouvel amant ? Si je t'aime et si je m'éloigne et si je refuse de te tuer en moi alors tu deviens éternel et ainsi nous sauvons-nous mutuellement du Schéol. Nous disposons de mille deux cent quatre-vingt-dix jours pour renouer les intrigues, retrouver les pistes, rallumer les feux, rappeler les petits noms, consulter les carnets d'adresses et pourvu qu'aucun amour ne poursuive plus la mort de l'autre nous resterons sous le soleil, tu as de beaux yeux tu sais.

Voici maintenant le huis clos au-dessus de la ville chauffée à blanc, transpirant ses blessures. Derrière les persiennes closes, dans la pièce blanche et nue un homme désire mourir. Livrée sur le désordre des draps sa désolation, et l'amante hausse ses fins sourcils devant la pantomime de cette souffrance. Moment de mourir, répète-t-il entre ses dents, fanatisé par l'idée qu'ils se retrouveront seulement dans la mort et dans la mort seulement, moment de mourir, moment de mourir, moment de mourir, moment de mourir et il se redresse et prend à bras-le-corps ce corps aimé et le caresse jusqu'à la douleur et elle le fait avec un sourire absent puis lui dit que cela ne changera rien, pourquoi ne pas s'arrêter sur cette couche et y mourir ensemble ou bien — je t'en prie, je t'en prie — observe-moi passer le gué et me rayer aisément des vivants ; l'homme cherche à tâtons, autour du lit, des instruments de mort, des cachettes à cachets, la cour vibre de soleil sous ses fenêtres, seule certitude que le dernier geste d'amour est d'en finir ici et tout de suite, après avoir cherché au travers des collines et interrogé les guetteurs sur les remparts la quête s'achève, le jour s'écroule, la gloire du jour s'épuise, voici mon soir et mon soir attend la bénédiction de l'aimée, qu'elle remonte un drap sur le gisant et sorte aisément de la maison maudite, qu'elle referme la porte où nous avons omis de tracer le signe de sang destiné à l'ange de la mort, toute histoire d'amour passe par le combat avec l'ange de la mort, par un séisme de force sept sur l'échelle de Jacob, un tremblement de terre qui menace les fondations de Jérusalem et dont Jérusalem, un jour encore, périra et s'abîmera.

De quel droit contemple-t-il soi-même enseveli ? Comprimés de sommeil avalés en hâte avec le ronflement extérieur du *khamsin* (cinquante jours et cinquante nuits s'attisent les chaudières du Sinaï d'où nous n'aurions jamais dû sortir), il a entamé seul et sous le regard absent de l'autre sa veillée funèbre. Tuer : odieux et acceptable. Dans Jérusalem la blafarde voyagent des autobus chargés de bombes, on ne peut circuler sans risquer sa peau, passer d'un amour à l'autre sans redouter un colis piégé sous son cul, l'homme cloîtré étouffe de rire en se voyant assis à jamais dans le véhicule miné des passades, une grenade va donner ses pépins sous les tiges absurdes des cardes, mange le ragoût de mes tripes et n'en parlons plus. Il l'avait conviée à l'ultime colloque, au silence de la chambre, peau sur peau dans le *khamsin* du lit, alors pourquoi la ville ne se laisse-t-elle pas oublier loin derrière les persiennes tirées ? Il faudrait que la cité s'allonge et se donne à lire comme une femme s'allonge et donne à lire son corps, avait-il une fois rêvé, et Jérusalem s'allonge toujours entre eux, affale ses quatre énormes syllabes sur leurs genoux tremblants, c'est de la ville que l'amante était jalouse et il ne l'a pas assez tôt compris, ses yeux caucasiens étroits si étroits : dans le dialecte de la Bible, jaloux se dit bien « resserré des yeux », ou « regrettable pour les yeux », c'est-à-dire un sentiment où l'on se perd de vue. Alors il reste seulement à mourir car il désirait suprêmement être vu et aiguiser son regard, puisqu'il est né avec un œil aveuglé d'une nappe blanche — une excessive goutte de sperme, disait-il lorsque le temps était à plaisanter, ou bien la peau de son lait intérieur figée sur l'iris, la Voie lactée par laquelle son corps s'engageait à vieillir, la septième cataracte du Nil où, dans une vie antérieure, il avait été esclave —, et il a souvent désiré donner à autrui son œil valide à manger mais le sort avait voulu qu'il soit dissymétrique aveugle, clairvoyant à main droite et voilé à gauche. Pas les yeux resserrés, non, un manque à voir disons, et béni soit le Créateur qui a recommandé que tout ne demeure pas limpide, « *Ya Sattar* » invoquent les musulmans : « Celui qui déploie un voile ». S'il était donné à l'homme de se contempler mort, le suicide ferait florès et d'ailleurs sa prière à l'aimée ne demande rien d'autre, décrispe un peu tes yeux que je puisse m'y mirer mourant, un sou dans la fente de tes yeux que je puisse jouer la partie fatale, déjà rédigée l'épitaphe pour ma tombola : dans une terre étrangère l'étranger a trouvé sa demeure dernière. Il remonte sa main baignée de pleurs vers son œil gauche préféré, né déjà drapé d'un linceul.

Jérusalem, tous tes caveaux sous nos pieds. La mort que tu tiens à distance parce que tu la connais et non parce que tu la redoutes. Tous ces rites de deuil que toi seule connais encore et qui nous enseignent que la mort est une corruption évitable, que ce cadavre nu dans son drap et pourtant protégé par mille gardes symboliques n'est en route que pour un passage. Après la civilisation où la mort survient inévitable, après l'ère politique où il est question de se racheter avant de mourir et pour ne pas se voir mourir, il y a cette obs-tination à se garder la mort en face sans souf-frir de ses effluves, cet entêtement à regarder autour de soi dans la crainte d'être suivi, à tracer un cercle solennel autour d'une tombe. Les tombes, face à la porte de la Miséricorde. À se regarder. Jérusalem, dit une légende, est la pupille de l'œil dont la terre est l'iris, l'océan le blanc et le Temple l'image reflétée. Ne plus craindre alors l'image, car sa disparition ne peut entraîner ta perte. Parfaire la justesse de la plainte, tirer du texte biblique de nouveaux accents, donner des mots neufs à Job :

Si je dis : «J'oublie mon effusion,
Je perds ma face et me contiens»,
Je frissonne de toutes mes peines :
Je sais que tu ne m'acquittes pas.

C'est une cité où se retourner sur sa couche, dans l'impatience d'un désir inaccompli. Ainsi le rêveur impénitent, le motard mystique, le petit homme blond ayant fui à jamais la matrice des certitudes anglo-saxonnes, El Aurens, le marin des dunes au burnous embeurré de blanc, l'aventurier venu ici contempler les sept piliers ruinés de la maison de la sagesse. Réfugié en Jérusalem un jour il s'éveilla du long délire de la fièvre dans une demeure amie et inconnue, de son lit de souffrance il entendit une ardente pianiste accomplir quelque sonate. Cette discrète musicienne qui échappe aux biographes de T.E. Lawrence... est-elle l'inspiratrice de la dernière marche à grandes enjambées vers l'Arabie, ces initiales énigmatiques auxquelles fut dédiée l'œuvre trop ambitieuse, S.A. dont les yeux brillèrent peut-être au-dessus du clavier au réveil du dolent ? S.A., Sarah et Agar, la femme réconciliée enfin. Première et antépénultième, Jérusalem est écrite de feu blanc sur le feu noir du monde. Rien ne sert d'inventer, rien ne sert de parcourir le globe plus vite que le son, sans avoir déchiffré ces mots initiaux. La société humaine est un Golem immense, dont la bouche a laissé échapper quelques indispensables sceaux, sans lesquels elle gît pantelante : sur l'un d'eux est inscrit ton nom, je le sais. Je suis soulagé de pouvoir encore partir, il faut que des Justes soient en route vers toi, mobiles assez pour ne pas être exterminés d'un seul mouvement. Il faut que tu demeures intolérante, loin des métropoles hétaïres, mais si tu te refuses encore à apprendre du monde, à écouter aussi la voix du Pacifique, ta plus belle porte demeurera à jamais fermée. Il faut que tu enseignes la mobilité, que le plus grand nombre d'hommes et de femmes te renseignent sur le monde en le parcourant comme nos rabbins orientaux, ou comme Ibn Battûta, ou comme l'unique fille de Palestine béatifiée par l'Église, l'humble Mariam Baouardy, qui partit un jour fonder un couvent à Mangalore, ou comme les poètes des grands hôtels internationaux. Aux trente-six Justes sans lesquels l'Univers ne peut subsister, ajouter trente-six fois trente-six mille expérimentateurs de l'universel. Terroir, haine chauvine, déplacement coercitif des populaces : à cet axe pivotant sur l'échec, opposer : Jérusalem, respiration du monde, errances volontaires et attentives. Ni la vitesse autistique du routard, ni le cancer de la centralité. Jérusalem a toujours envoyé plus de lettres qu'elle n'en a reçu : quatre-vingt-cinq mille trois cent quatre-vingt-douze contre soixante-huit mille neuf, nous dit déjà le registre postal en 1880. Empêcher qu'elle n'aveugle toutes ses autres portes, lassée d'attendre le voyageur messianique.

Et quel est ce point de l'enceinte, quel abord des murailles, où je me suis convaincu de ne plus écrire aux seules aimées, où je reconnais que mes mille et une lettres d'amour ne me survivront pas et qu'il faut un autre texte, une autre texture, un autre tissu qui draperait mes os rédimés, ma carcasse relevée de la vallée de Josaphat à l'appel tendre de Mashiakh ben Yossef et de Mashiakh ben David ? Toutes les missives d'amour, tous les billets doux et les furieux messages de sexe et les complaintes rimées sur l'ultime note du saxo, tous les aérogrammes cultueux, tous les messages scintillants passant sur les cathodes, tous les plis « par air », tout ce courrier volatil qui déplore la distance et rêve à voix haute de consacrer l'amour du monde en étant autorisé à poser une paume sur le cul aimé, tout ce papier archivé fonderait pourtant la seule nécessaire bibliothèque, dont les murmurantes salles de lecture ouvriraient leurs baies sur les collines de Jérusalem, bien sûr, bien sûr. L'incompréhensible et nécessaire combat pour forcer l'amour d'un sexe étranger, chanté et ressassé par ces lettres, le considérer ici sans honte et avec une tranquillité archivale, sans l'alibi d'une grandiose intrigue d'un roman démiurge, d'une « fine romance » orchestrée pour d'autres, accepter enfin ma vie comme une poésie dont je ne suis pas l'auteur mais dont les brouillons envoyés aux aimées marquent la cadence. En cette bibliothèque, ayant décidé de ne plus seulement se peindre torturé par l'attente blême de cette aimée en cette autre aimée, décidément soumis à l'humaine condition et résigné à suivre du doigt les rides du visage de son âme en lieu et place du parcours tendre de tes fossettes, protégé des orages désirés et des grains de beauté déchaînés magiquement sur la mer par des gestes connus de nous deux seulement, j'ose regarder le spectacle de la mort sur le mont des Olives. Je me croyais à la mesure des arbres, je ne suis qu'une olive roulant dans ta joue. Je ne me fais plus horreur, je trouve miséricorde à mes yeux, je prends de l'erre sur la corde de ma misère, parce que j'ai découvert voici longtemps que l'amour était infiniment répétable, et que j'ai renoncé à en convaincre autrui.

J'assume que la création n'est pas unique, et je survis ainsi à l'angoisse. Chaque matin, la barque du jour glisse ses imprévus sur l'eau originelle, j'en ai vu le dessin en Égypte — douzième heure du voyage nocturne du dieu Amon — et j'en suis heureux. Les mystères de mon peuple ne prétendent rien d'autre : si Adam et Ève ont été créés côté contre côté, c'est que la création n'était pas alors parfaite, que l'harmonie ne régnait pas encore entre le ciel et la terre (dit le Zohar) ; lorsque tout put être parfait, Adam et Ève se firent face, et ce fut parfait, et il faut répéter ce mouvement et cette tendre giration pour aider la vie. La beauté de Jérusalem, elle-même, n'est pas unique, et sa porte la plus harmonieuse présente deux arches. Certains matins d'hiver, la cité grain de beauté en vient à être disgracieuse, engoncée dans ses manteaux de pierre, et l'on reste confondu devant une telle fragilité. Une autre fois, au point du jour, je suis monté sur la terrasse dominant la ville, un verre à la main me faisait idyllique ; les femmes murmuraient dans leur sommeil, la pierre nue fut frappée contre l'azur, ainsi le maître du *raga* lance-t-il sa cadence en tapant ses deux paumes. Azur et lavande, de deux lumières la ville jaillissait, de cette lumière bleue et de cette lumière blanche que Rabbi Shimon découvrit en observant la flamme d'une bougie et qui sont à l'origine du monde. J'erre en paix, Jérusalem, depuis que je sais te trouver partout où s'allume la double lueur duplice de mes doutes. Plus la ville est blanche et le ciel marine, plus j'approche de mon but. Azulejos sur les murs immuables et ventre de truite, si vous voulez, mille Jérusalem miroitent de par le monde encore lumineux. Si la ville se résume au secret d'une bougie… tombent les citadelles, que les gardiens de la cité demeurent dans l'éternelle dérision de n'avoir su que se plaindre de la cire brûlante sur leurs doigts. Partout décelable cette clarté, et cependant il me fait peine de voyager à nouveau et sans cesse ! À Tokyo aussi, tiens, les deux lumières duelles furent saisies aux abords nauséeux d'une piste d'envol où vrombissaient les jets, blanche comme la ligne d'horizon sur

la mer ou le bras d'une femme, bleue comme
un tesson de verre baigné d'aube, blanc-seing
et bleu presque transparent, blues du Messie.
Les signes, seulement les signes appellent parfois à se retrouver et à passer les portes.

Jérusalem,
août 1984.

RÉFÉRENCES BIBLIOGRAPHIQUES

Page 15 : Constantin Cavafy, *Poèmes*, Gallimard, 1958.

Page 23 : Abbé André Dupuis, *Introduction au plan de Jérusalem et de ses faubourgs*, Paris, 1840.

Page 65 : A.Z. Aescoly, *Recueil de textes falashas traduits de la langue guèze*, Institut d'ethnologie, Paris, 1951.

Pages 69-70 : *Apocryphes du Nouveau Testament*, Lieu Commun, 1983.

Pages 70-71 : G.C. Anawati et L. Gardet, *Mystique musulmane*, Vrin, 1976.

Page 75 : S.J. Agnon, *Contes de Jérusalem*, Calmann-Lévy, 1976.

Page 100 : Yehouda Bourla, *Im Shakhar*, Jérusalem, 1946.

Page 102 : David Shahar, *le Jour de la comtesse*, Gallimard, 1976.

Page 105 : Yacov Yehoshoua, *Yaldout be-Yerouchalaïn ha-yechana*, Jérusalem, 1966.

Page 160 : Imam el-Haramein, *El Irchad*, Alger-Paris, 1938.

Page 177 : André Chouraqui, *Iyov, traduction du Livre de Job*, Desclée de Brouwer, 1974.

Page 183 : Gershom Scholem, « Farben und ihre Symbolik in der jüdischen Überlieferung und Mystik », *Eranos Jahrbuch*, Judaica 3, Francfort, 1977.

TABLE

Guy Lardreau, *la Mort de Joseph Staline*.
Michel Le Bris, *l'Homme aux semelles de vent*.
Michel Le Bris, *le Paradis perdu*.
Dominique Lecourt, *Bachelard. Le jour et la nuit*.
Bernard-Henri Lévy, *la Barbarie à visage humain*.
Bernard-Henri Lévy, *le Testament de Dieu*.
Bernard-Henri Lévy, *l'Idéologie française*.
Thierry Lévy, *le Crime en toute humanité*.
Claude Lorin, *l'Inachevé* (Peinture-Sculpture-Littérature).
Jean-Luc Marion, *l'Idole et la Distance*.
Anne Martin-Fugier, *la Bourgeoise*.
Anne Martin-Fugier, *la Place des bonnes*.
Philippe Nemo, *l'Homme structural*.
Philippe Nemo, *Job et l'excès du mal*.
Pasolini, séminaire dirigé par Maria Antonietta Macciocchi.
Françoise Paul-Lévy, *Karl Marx, histoire d'un bourgeois
    allemand*.
Philippe Roger, *Sade. La philosophie dans le pressoir*.
Guy Scarpetta, *Brecht ou le soldat mort*.
Guy Scarpetta, *Éloge du cosmopolitisme*.
Michel Serres, *Zola. Feux et signaux de brume*.
Daniel Sibony, *la Juive : une transmission d'inconscient*.
Daniel Sibony, *l'Amour inconscient*.
Bernard Sichère, *Merleau-Ponty ou le corps de la philosophie*.
Bernard Sichère, *le Moment lacanien*.
Alexandre Soljenitsyne, *l'Erreur de l'Occident*.
Philippe Sollers, *Vision à New York*.
Gilles Susong, *la Politique d'Orphée*.
Armando Verdiglione, *la Dissidence freudienne*.
Armando Verdiglione, *Fondations de la psychanalyse, I. Dieu*.
Giambattista Vico, *Vie de Giambattista Vico écrite par
    lui-même*.
Claude Vigée, *l'Extase et l'Errance*.
Claude Vigée, *le Parfum et la Cendre*.
Elie Wiesel, *Signes d'exode*.